Los Apóstoles y sus reliquias. Según

La tradición antigua

Luis Ospina

2019

POST TENEBRAS LUX ERAT

POST TENEBRAS LUX ERAT

INDICE

POST TENEBRAS LUX ERAT

Historia de los apóstoles reconstruida con los evangelios, historias tradicionales de boca en boca de la iglesia primitiva y tradiciones de las iglesias fundadas por ellos, ellos recorrieron todo el imperio romano, Rusia, asía, África, y Inglaterra, y llegaron hasta el Japón, Armenia, Iraq, Irán, Siria,......y algunos dicen que hasta China.

POST TENEBRAS LUX ERAT

San Andrés

—San Andrés fue el primer apóstol llamado por Cristo, fue hijo de un hebreo de nombre Jonás y hermano del preeminente santo apóstol Pedro; y nació en el pueblo galileo de Betsaida. Desdeñando la vanidad de este mundo y prefiriendo la castidad al matrimonio, renunció a casarse; y habiendo oído que San Precursor Juan predicaba el arrepentimiento por el Jordán, abandonó todo y se fue con él para convertirse en su discípulo. Cuando San Precursor, señalando a Jesús que estaba ahí pasando, le dijo: —*He ahí el Cordero de Dios*— (Juan 1:36), San Andrés, junto a otro discípulo del Precursor abandonó al Bautista para seguir a Cristo. Buscó a su hermano Simón Pedro y le dijo: —*Hemos encontrado al Mesías*— (que traducido, es el Cristo, verso 41), y lo llevó donde Jesús. Después, cuando estaba pescando con Pedro a lo largo de la costa del mar de Galilea, y Jesús los llamó, diciendo: —*Seguidme, y os haré pescadores de hombres*— (Mateo 4:19), Andrés dejo inmediatamente sus redes y siguió a Cristo junto con su hermano Pedro (verso 20). A Andrés se lo conoce como el Primer Llamado porque fue el primer seguidor y discípulo de Jesús antes que cualquiera de los apóstoles.

—Cuando, después de la pasión voluntaria del Señor y su resurrección, San Andrés, con los demás apóstoles, recibió el Espíritu Santo, quien descendió en él en forma de una lengua de fuego, entre ellos se dividieron las provincias del imperio romano, a Andrés le tocó difundir el Evangelio en Bitinia, Propontis, Calcedón, Bizancio, Tracia, Macedonia, en toda la región del Mar Negro y el río Danubio, así como en Tesalia, Helas, Acaya, Amiso, Trapezo, Heracles y Amastris.

El apóstol recorrió todas estas tierras y ciudades, predicando la fe cristiana, debiendo en cada lugar padecer muchas aflicciones y dolor; pero fortalecido por la omnipotente ayuda de Dios, soportó alegremente todas estas tribulaciones por Cristo.

—En Amiso, ciudad al oriente del Mar Negro y a unas 76 millas de Sinope, el apóstol encontró a muchos judíos que estaban sumidos en la ignorancia espiritual y la impiedad. No obstante esto, la gente de ese lugar se sentía complacida en ofrecer su hospitalidad, recibiendo a todos los viajeros foráneos en su ciudad y sus hogares y dándoles lo necesario mientras podían. Así, cuando San Andrés llegó a Amiso, lo acogió cierto judío en su casa, entonces San le hizo saber sobre cómo convertiría allí a una gran cantidad de personas.

—A la mañana siguiente, el apóstol fue a la sinagoga de los judíos, donde le preguntaron directamente quién era, por qué había venido donde ellos, y qué era lo que predicaba. —Andrés, les habló sobre las enseñanzas de Jesús, y de Moisés y los profetas, y les demostró que Jesús era el Mesías predicho por los profetas y les señaló que Él venía a salvar a la humanidad. Entonces, — ¡Oh milagro! Se cumplió la palabra de Cristo, quien dijo: —*Os haré pescadores de hombres*— (Mateo 4:19). Los judíos escucharon con atención las palabras y la enseñanza del apóstol de Cristo e inmediatamente se arrepintieron, creyeron y se bautizaron, convirtiéndose en siervos de nuestro Señor. Después, llevaron donde el apóstol a todos sus enfermos, a quienes él sanó de todas las enfermedades que los afligían. Así, San apóstol no solamente era médico de cuerpos, sino que también de almas. En ese lugar edificó una iglesia y ordenó a uno sacerdote.

—De Amiso, se trasladó a Trapezo, donde enseñó y bautizó a muchos conversos, así como ordenó a sacerdotes. Lo mismo hizo también en Laziki, en donde innumerables griegos y judíos se convirtieron a Cristo. Luego se decidió ir a Jerusalén, no sólo por la fiesta de Pascua que se acercaba, sino porque deseaba ver a su hermano Pedro. También tenía gran deseo de ver al apóstol Pablo, de quien sabía que iba a ser el apóstol ante los gentiles. Así, regresó a Éfeso con San Juan el Teólogo, a quien le había tocado trabajar en esa ciudad; pero cuando llegó a dicho lugar, recibió una revelación de Dios instruyéndole ir y predicar el Evangelio en Bitinia. — Inmediatamente partió a la ciudad de Nicea, en donde enseñó a muchos griegos y judíos y realizó milagros, llegando estos a convertirse a Cristo. — Allí también, sanó al instante a muchos enfermos y con su bastón de hierro, el cual llevaba el emblema de la cruz, expulsó a algunas de las bestias salvajes que agobiaban a las personas y mató a otras bestias de esa clase. Por otra parte, destruyó los cimientos de los templos paganos dedicados a las falsas deidades Afrodita y Artemisa.

—Entre tanto, los griegos que se habían resistido a las enseñanzas del apóstol fueron poseídos por malos espíritus, los cuales entraron en ellos y los atormentaron como justo pago por su obstinación y descreimiento; estos quedaron tan vejados que comenzaron a morderse su propio cuerpo. No obstante, Andrés, como discípulo de Quien había llegado para salvar a los pecadores, se apiadó de ellos y expulsó a los demonios de ellos; entonces, —oh milagro, ellos comenzaron a creer y se bautizaron. —

—El apóstol se quedó dos años en Nicea, ciudad para la cual ordenó a un sacerdote. Después se trasladó a Nicomedia, que era una ciudad populosa, donde bautizó a griegos; antes de trasladarse a Calcedón, cercano a Proponto; a Escutari, cerca de Bizancio; y, finalmente, a Neocastra, en donde convirtió y bautizó a muchos. También viajó a Pontoheráclea; y de allí, a Amastrida, ciudad de la provincia de Bitinia, y sus alrededores. Luego de ordenar allí a sacerdotes, viajó a Sinope, ciudad de Ponto, a donde se dice que su hermano Pedro fue a verlo. Hasta hoy, los cristianos de Sinope muestran dos tronos de mármol en donde, según afirman ellos, — se sentaron estos apóstoles. Ellos muestran también un antiguo Icono San apóstol Andrés que hace milagros.

—Pero antes que llegara Andrés, ya había ido a Sinope el apóstol Matías, uno de los doce, quien fue escogido para tomar el lugar de Judas. Pero apenas hubo comenzado a predicar en esa ciudad, fue encarcelado. —Cuando el apóstol Andrés llegó y oyó que su condiscípulo estaba en la prisión, rezó por su bien, entonces los grilletes con que Matías estaba atado se soltaron al instante y se abrió el portón de la prisión, de donde salió libre. Sin embargo, por ese tiempo Sinope estaba poblado por gente feroz y descreyente.

POST TENEBRAS LUX ERAT

—Cuando vieron que Andrés había vulnerado la firmeza de su prisión, lo rodearon; algunos pedían quemar la casa donde permanecía, otros planeaban cómo lo tomarían. Finalmente, lo agarraron de las manos y pies y, empujándolo, lo condujeron por el camino, golpeándolo entre tanto sin piedad. Al salir de la ciudad, lo arrojaron a un lugar lleno de estiércol, confiando en que hubiese muerto a causa del maltrato. Sin embargo, el apóstol soportó pacientemente todos estos abusos, emulando a su maestro, Cristo. Entonces, el Señor no permitió que su discípulo continuara en mal estado y padeciendo de esta manera, por lo cual se le apareció para sanarlo y exhortarle a tener buen ánimo. —A pesar que esta gente bárbara le había roto al apóstol los dientes y cortado los dedos, éste recuperó completamente su salud. Después de bendecirlo y pedirle que no cesara en sus esfuerzos para enseñar y convertir a los impíos, el Salvador ascendió a los cielos.

—A la mañana siguiente, el apóstol regresó muy temprano a Sincope; lleno de salud, sin ningún rastro de heridas o golpes en su cuerpo y con un semblante lleno de gozo y alegría. Los habitantes del lugar se maravillaron enormemente por la resistencia sobrehumana y por el gran milagro que había obrado Cristo; porque estaban convencidos de la muerte del apóstol. Pero ahora, todos vieron que sus heridas desaparecieron durante la noche, por lo cual se arrepintieron y se postraron ante Andrés, pidiéndole perdón. Entonces él les enseñó la palabra de la verdad y los bautizó en el nombre del Padre, del Hijo y del Espíritu Santo, porque ellos aceptaron la fe cristiana y creyeron en el salvador y redentor de su cuerpo y su alma. En esa ocasión, San apóstol realizó un maravilloso milagro. —Cierta mujer, cuyo único hijo había sido asesinado por un enemigo, se postró ante el apóstol, confesando su creencia en Cristo con todo su corazón y toda su alma. —Apiadado, San resucitó a su hijo de entre los muertos, a fin que el recién convertido pudiera conocer al verdadero Dios. Al ver esto, todos los demás también se convirtieron.

—Después de ordenar sacerdotes, el apóstol visitó por segunda vez Amiso y Trapezo, para bautizar a las pocas personas restantes que habían renunciado a su falsa concepción. De paso a Samosata, fue a Neocesárea, en donde muchos griegos se consideraban a sí mismos como los hombres más sabios de la tierra. No obstante ello, la sabia predicación del apóstol cortó el razonamiento helénico de sus rétores como si fuera una tela de araña, mostrándoles su engaño; entonces ellos se convencieron tanto por las palabras como de los milagros Santo y todos se arrepintieron y recibieron el bautismo. Después, se trasladó a Jerusalén para reunirse con los demás apóstoles y celebrar la Pascua cristiana. Allí convocaron a un sínodo, el cual es mencionado en el libro de los Hechos de los Apóstoles, según señala el divino evangelista Lucas: —Entonces se reunieron los apóstoles y los ancianos para considerar este asunto (sobre si era necesario circuncidar a los conversos — (Hechos 15:6).

—Después de la fiesta de Pascua, San Andrés, acompañado por los apóstoles Matías y Tadeo, partió hacia la ciudad de Corasán, en la región colindante con Mesopotamia. Andrés, sin embargo, se quedó con ellos sólo por unos días, dejándolos para que predicasen en esa región; en tanto que él continuó hacia el oriente del Mar Negro, a Alani y los Abasgianos. En las ciudades de estos lugares, convirtió a muchos a la fe cristiana. Después visitó los pueblos de Cigi, Bósforo y los estrechos de Kafa; en donde se quedó por mucho tiempo predicando y enseñando a todos, por lo cual muchos comenzaron a creer en Cristo y se bautizaron. Su siguiente centro de actividad fue la ciudad de Bizancio, en donde realizó muchos milagros e instruyó a muchos en el conocimiento de Dios. En realidad, el pueblo de Bizancio no solamente abrazó la luz de la verdad, sino que edificó incluso una imponente iglesia en honor a la santísima Madre de Dios. El apóstol consagró como obispo de ese lugar a Estaquio, uno de los setenta apóstoles, enviados por Cristo, a quien San Pablo menciona en su Epístola a los Romanos. Posteriormente viajó a la cercana Heráclea de Tracia, que está situado al oeste de Bizancio, convirtiendo allí a muchos hacia la fe ortodoxa primitiva original y ordenando como obispo a Apeles.

—Posteriormente, realizando labores apostólicas y pasando penurias al difundir el evangelio de Cristo, Andrés viajó por Ponto, a orillas del Mar Negro, y luego por Sitia y Quersones. Gracias a la Divina Providencia, llegó al río Dnieper en la tierra de Rusia; creo la iglesia en Georgia, Ucrania, deteniéndose en la orilla del mismo, bajo las colinas de Kiev, se quedó a descansar allí. Cuando despertó en la mañana, les dijo a sus discípulos que lo habían acompañado: —Creedme, en estas colinas brillará la gracia de Dios. Aquí habrá una gran ciudad y el Señor edificará muchas iglesias e iluminará toda la tierra rusa con el sagrado bautismo. — Después subió a la cima de las colinas, en donde, después de bendecirlas, plantó una cruz, profetizando que los habitantes de ese lugar recibirían la fe de la sede apostólica que él había establecido en Bizancio.

—Luego de visitar por las ciudades rusas que quedaban hacia el norte, en donde ahora se encuentra Novgórod la Grande, viajó a Roma. Después se trasladó a la región griega de Epiro y a Tracia, lugares en donde reafirmó a los cristianos en su fe y ordenó obispos y guías para ellos. Habiendo pasado por muchos países, llegó hasta el Peloponeso y en la ciudad acayana de Patras se hospedó donde cierto respetable hombre llamado Sosio. Le sano de su lecho de enfermo y luego convirtió a toda la ciudad de Patras a Cristo.

—Por esa ocasión, Maximilia, quien era mujer del procónsul Egeates, cayó presa de una dolorosa aflicción a los ojos. A pesar de visitar a todos los médicos, no se mejoró en nada con las recetas de éstos y lo único que consiguió fue gastar casi todo su caudal en honorarios y medicamentos. Egeates, viendo el manifiesto empeoramiento de su esposa, cayó en la desesperación, porque ni con su gran riqueza podía comprar la salud de ella. Cuando Maximilia ya estaba cerca de morir, él quedó tan abatido que comenzó a pensar en suicidarse.

—Uno de sus parientes, sin embargo, se acordó del apóstol, porque éste le había curado las manos en el pasado; entonces fue apresuradamente en busca de ayuda para la mujer de su amo. Cuando San llegó, éste le colocó la mano sobre ella y le devolvió la salud de inmediato, pudiendo ella levantarse de su lecho.

—Viendo Egeates este milagro, trajo una gran suma de dinero y se la colocó a los pies del Santo. El se arrodilló para rogarle que aceptara el ofrecimiento en gratitud por la curación; pero el apóstol, deseando sólo el arrepentimiento de la gente de Acaya y Patras, rechazó el dinero y cualquier otra recompensa. Le dijo a Egeates: —Nuestro

Maestro ha dicho: *de gracia recibisteis, dad de gracia*— (Mateo 10:8), y después le enseñó muchas cosas más antes de partir.

—Cuando pasaba por la ciudad, encontró en su camino a un paralítico que había sido privado de sus miembros. Su infortunio era realmente grande, porque nadie se preocupaba de él ni se apiadaba de su estado. Pero el apóstol se conmovió y le colocó su mano derecha encima del desdichado; éste se levantó y comenzó a caminar. A causa de esto, el nombre del Santo se hizo conocido por toda la ciudad. Muchos de los enfermos acudían donde él y se postraban ante sus pies; y él los sanaba a todos. —A los ciegos los sanaba mediante la imposición de manos; otros sufrían de lepra o de otras horribles enfermedades, pero él los purificaba y sanaba. Por otra parte, a todos los conversos los bautizaba en el mar, en el nombre de la santísima Trinidad. Por esos tiempos, en las afueras de la ciudad había leprosos que vivían en las arenas; cuando éstos supieron de St. Andrés, comenzaron a creer y se sanaron de su mal. Uno de ellos, que se llamaba Job, fue bautizado y después siguió al apóstol por todas partes, proclamando a viva voz el poder del Santo y de la fe cristiana, como si fuese un heraldo. Gracias a la enseñanza de Andrés y a sus numerosos milagros, los habitantes de Patras llegaron a conocer al Dios verdadero. San se regocijó por esto y se puso extremadamente contento por la salvación de estas almas y siguió glorificando a Dios, el dador de todas las cosas buenas.

—Los mismos cristianos conversos demolieron los templos de los ídolos y destruyeron las imágenes que había en estos. Algunos de ellos juntaron un gran tesoro y lo pusieron a los pies de Andrés. El apóstol de Cristo rechazó su ofrecimiento, pero reconoció su atención y buena voluntad. A los que reunieron los caudales, les ordenó distribuirlos entre los pobres y los mendigos, pero dejando una parte para la construcción de la iglesia a donde los cristianos pudiesen entrar para glorificar a Dios. Con el tiempo se edificó una magnífica iglesia, a donde todos acudían para escuchar las dulces enseñanzas de Andrés, cuando éste les hablaba del significado de las escrituras y las sagradas profecías, demostrando que Cristo era el único Dios, el cual descendió de los cielos y se encarnó a través de la santísima Madre de Dios y la siempre Virgen María, para la salvación de la humanidad.

—Poco después, el mencionado procónsul Egeates viajó a Roma para informarle al César sobre su administración y recibir de éste más instrucciones. En su ausencia, dejó como regente a su hermano Estrátocles, quien era un hombre sabio y se dedicaba a las matemáticas. Como éste vivía en Atenas, durante su viaje a Patras, uno de sus fieles siervos, a quien él quería como a un hermano por ser sensible y sincero, sufrió un violento ataque epiléptico, ocasionado por la acción de los demonios. El muy angustiado Estrátocles comenzó a llorar, porque ningún médico era capaz de ayudar al infortunado. Al saber esto su cuñada Maximilia, lo invitó a su casa, donde le dijo: Cuñado, es imposible que tu siervo se sane, ni siquiera con todas las ayudas de los médicos y todas las medicinas de este mundo. En realidad, estás perdiendo tu dinero en vano. Sin embargo, en la ciudad tenemos a un médico de fuera, llamado Andrés, quien cura todas las enfermedades y no cobra nada.

—Si quieres, ve donde él. Confío en que curará de inmediato a tu siervo de esta penosa enfermedad. Yo misma estuve gravemente mal, pero no pudieron salvarme ni siquiera una miríada de sacrificios a los dioses ni ningún médico o medicina; sin embargo, este médico me sanó inmediatamente solamente mediante su palabra. Entonces el sabio y erudito Estrátocles de Atenas mandó a llamar al santo, y cuando éste apenas entró en la casa, oh milagro, los demonios se alejaron y el siervo recuperó su salud. Cuando Estrátocles y Maximilia vieron el milagro, repudiaron sin demora su antigua impiedad y comenzaron a glorificar al Dios verdadero, convirtiéndose en cristianos. Ellos fueron bautizados por el apóstol y se unieron a él para siempre, deseando escuchar cada palabra y enseñanza de la fe cristiana.

—Algún tiempo después, —Egeates regresó de Roma. Maximilia quería evitar toda relación con su esposo incrédulo, pero era imposible guardar para siempre su secreto. Ciertos eunucos y otras personas entonces le dijeron a aquél: Desde el día de tu partida a Roma hasta ahora, ella no ha tomado sus alimentos, y ha seguido más bien un estricto ayuno. Ella blasfema contra nuestras deidades, prefiriendo adorar al Cristo que el extranjero Andrés anuncia. La verdad es que su pensamiento y su corazón están fijos en ese Dios cristiano, y sólo en Él. —Egeates se quedó perplejo y atónito al oír esto; de inmediato los demonios se apoderaron de él y comenzó éste a actuar como si hubiera perdido la razón, profiriendo insultos y amenazas contra el apóstol del Señor. Luego ordenó a su guardia arrestar al santo, en tanto que urdía la manera cómo le daría muerte.

—Pero a la medianoche, —Estrátocles fue a buscar a Maximilia y ambos fueron apresuradamente a la prisión donde se encontraba Andrés, violaron la vigilancia de los centinelas de Egeates. Andrés los hizo entrar cuando escuchó un suave toque de la puerta; ya adentro, los dos se postraron a sus pies, implorando al apóstol que los fortaleciera y los apoyara en la fe verdadera de Cristo. —

—Andrés les aconsejó extensamente y después procedió a ordenar a Estrátocles como obispo de la Antigua Patras. Luego de bendecirlos y enviarlos en paz, él cerró la puerta de la celda mediante el poder de su oración, quedando tan firme como si estuviese con llave. Después se sentó, esperando pacientemente el juicio del perverso Egeates. Entretanto, el procónsul se convenció que era imposible compartir la alcoba con Maximilia, a pesar de sus ruegos y amenazas; por eso, —Satanás se apoderó de su corazón y lo cegó de rabia, y al apóstol lo hizo atar a una cruz. Este acontecimiento lo describen los sacerdotes y los diáconos de la tierra acayana de la manera siguiente:

—Todos nosotros, sacerdotes y diáconos de la iglesia de Acaya, estamos escribiendo para todas las iglesias de los cuatro vientos sobre el sufrimiento del apóstol Andrés, el cual vemos con nuestros propios ojos. La paz sea contigo y con todos los que creen en Dios, perfecto en la Santísima Trinidad: el verdadero Dios Padre, el verdadero Hijo engendrado, el verdadero Espíritu Santo que proviene del Padre y descansa en el Hijo. Esta fe la aprendimos de San Andrés, el apóstol de Jesucristo, cuyo sufrimiento, del cual fuimos testigos presénciales, estamos describiendo.

—El antipatro Egeates, cuando llegó a la ciudad de Patras, intentó obligar a los creyentes de Cristo a ofrecer sacrificios a los ídolos. Pero San Andrés, apareciendo ante él en el camino, le dijo: —A ti, que eres juez de hombres, te conviene reconocer a tu Juez que está en los cielos y, reconociéndolo, adorarlo; y adorando al verdadero

Dios, alejarte de las falsas deidades. Egeates le contestó: — ¿Eres tú ese Andrés que destruye los templos de los dioses y seduce a la gente hacia esa mágica religión que sólo recién apareció y que los emperadores de Roma han ordenado extirpar? —

—San Andrés le replicó: En realidad, los emperadores de Roma no reconocen que el Hijo de Dios bajó a la tierra para la salvación del hombre, y nos dijo a nosotros: Estos ídolos no sólo no son dioses, sino que son demonios inmundos, llenos de maldad con la raza humana, que enseñan a los hombres a odiar a Dios, y los aleja de Dios para que no los escuche. Y cuando Dios se aparta de ellos entonces los demonios los capturan para hacerlos sus esclavos y engañarlos, hasta que sus almas emerjan desnudas de su cuerpo, poseídas de la nada excepto sus propios pecados. —

—Egeates le dijo entonces: —Cuando Jesús predicó historias y fábulas, y palabras vacías, entonces los judíos clavaron a Jesús en la Cruz. —Pero Andrés le replicó: —Oh, si pudieras sólo comprender el misterio de la Cruz, cómo el Creador de la raza humana, en su amor por nosotros, voluntariamente soportó los sufrimientos en la cruz; porque El sabía ya que iba a padecer—; profetizó su resurrección al tercer día; en su ultima cena mística anunció que iba a ser traicionado, Jesús hablo tanto del futuro como del pasado; y fue por voluntad propia al lugar donde sería entregado a manos de los judíos.

—Me asombra, exclamó Egeates — que una persona inteligente como tú sigas a alguien que fue crucificado; lo mismo es si fue voluntaria o involuntariamente. —

—El apóstol le contesto: —Grande es el misterio de la cruz; y si te dignaras en escucharía, te lo contaría. —Egeates le replicó: —Eso no es ningún misterio, sino sólo la ejecución de un hombre culpable. —Pero San Andrés le respondió: Este misterio es la ejecución de la renovación del hombre; sólo dígnate en escucharme pacientemente. Lo haré, — le contestó; pero si no haces lo que te ordeno, te haré aplicar el mismo misterio de la cruz. —El apóstol le contestó: —si temiera a la crucifixión, nunca glorificaría la cruz. —Egeates le dijo: Si en tu locura alabas a la cruz, en tu audacia no temes a la muerte. — El apóstol le replicó: —No temo a la muerte, no por audacia, sino por mi fe; porque preciosa es la Muerte de los santos y funesta es la muerte de los pescadores. —Quiero que escuches lo que tengo que decir sobre el misterio de la cruz, para que, reconociendo la verdad, creas; y al creer puedas ganar tu alma. —Pero Egeates le dijo: —Tú buscas un alma perdida. — ¿Está realmente mi alma perdida como para que ordenes encontrarla mediante la fe? — ¿No sé cómo? —

—San Andrés le respondió: —Esto es lo que puedes aprender de mí: Te mostraré dónde se pierde el alma de los hombres, para que puedas reconocer la salvación de ella, la cual se ha hecho a través de la cruz. —El primer hombre trajo la muerte al mundo a través del árbol de la desobediencia; y fue necesaria para la raza humana que esa muerte sea abolida mediante el árbol del sufrimiento. —Y como el primer hombre, que trajo la muerte al mundo mediante el árbol de la desobediencia, fue moldeado de tierra pura e inmaculada, entonces era digno que Cristo, el hombre perfecto que al mismo tiempo es el Hijo de Dios que formó al primer hombre, naciera de la Virgen pura inmaculada , a fin que pudiera restituir la vida eterna que perdieron todos los hombres; y como el primer hombre pecó, extendiendo sus manos hacia el árbol del conocimiento del bien y del mal, fue digno para la salvación del hombre que el Hijo de Dios extendiera también sus manos hacia la cruz, debido a la incontinencia de las manos de los hombres, y que para la dulce fruta del árbol prohibido tomara la amarga hiel.—

—Egeates le respondió: —Di esas cosas a quienes te escuchen. Pero si no me obedeces y si te niegas a ofrecer sacrificios a los dioses, ordenaré que te claven a la cruz que glorificas, luego de haberte hecho azotar con garrote. — Andrés le respondió: —Todos los días ofrezco al único, Verdadero y Omnipotente Dios no el humo del incienso, ni la carne de bueyes, ni la sangre de cabras, sino el Inmaculado Cordero que fue ofrecido como sacrificio en el altar de la cruz. Todos los creyentes fieles comulgan de su purísimo Cuerpo y participan de su Sangre, aunque este cordero permanezca entero y vivo, aun cuando sea verdaderamente sacrificado; —todos ellos comen realmente su Carne y beben su Sangre, aun cuando, como digo, él siempre permanezca entero, inmaculado y vivo. —

—Entonces Egeates le dijo: — ¿Cómo puede ser una cosa así?— Andrés le respondió: —Si deseas aprender, hazte discípulo a fin que puedas saber lo que preguntes. — Egeates le replicó: —Te sacaré esa enseñanza con la tortura. — el apóstol le respondió: —Me asombra que un hombre educado como tú, hable irreflexivamente. — ¿Podrías aprender de mí los misterios de Dios torturándome? Ya has escuchado hablar sobre el misterio de la cruz y también sobre el misterio del sacrificio. —Si llegaras a creer que Cristo, el Hijo de Dios que fue crucificado por los judíos, es el verdadero Dios, te revelaré cómo él vive después de haber muerto y cómo permanece entero en su reino después de haber sido ofrecido como sacrificio y comido. —

—Entonces Egeates se enfureció y mandó echar al apóstol a la cárcel. Cuando fue enviado a una mazmorra, de todas partes vino mucha gente en su defensa e intentó matar a Egeates y liberar a Andrés de su reclusión. Pero San Andrés se los prohibió, y les dijo reprendiéndolos: — No convirtáis la paz de nuestro Señor Jesucristo en un tumulto diabólico; porque cuando nuestro Señor Jesucristo fue entregado a la muerte, Él mostró una gran paciencia. — Él no contradijo, ni clamó, ni su voz fue oída en las calles. Entonces, vosotros debéis también guardar silencio y permanecer tranquilos. — Os prohíbo ofrecer ninguna oposición a mi martirio, pero sí preparaos como buenos atletas y guerreros de Cristo, a soportar pacientemente toda clase de heridas y torturas en vuestro cuerpo. —Si vais a tener que temer tormentos, temed sólo a los que son eternos y sabed que los terrores y amenazas de los hombres son únicamente como el humo: apenas se aparecen, se esfuman. —Si vais a tener que temer los sufrimientos, temed sólo a los que comienzan pero que nunca terminan. Los sufrimientos pasajeros, cuando son insignificantes, se soportan fácilmente; y cuando son grandes, terminan rápidamente, liberando el alma del cuerpo. Pero terribles son los sufrimientos eternos. Por eso, estad preparados para pasar, mediante los sufrimientos pasajeros, al gozo eterno, donde os regocijaréis, floreceréis y reinaréis con Cristo. —

—Andrés pasó la noche entera enseñando a la gente. A la mañana siguiente, — Egeates mandó a llevar a Andrés al tribunal, donde aquél se encontraba y le dijo: —

POST TENEBRAS LUX ERAT

¿Te has resuelto abandonar esta necedad y a dejar de anunciar a Cristo para que puedas compartir nuestra felicidad en esta vida? — Porque sería Una gran locura ser torturado y quemado voluntariamente. — Pero el santo le replicó: —Preferiría compartir tu felicidad si creyeras en Cristo y rechazaras los ídolos; porque El me ha enviado a esta tierra, donde he ganado para El a no poca gente. —

—Entonces Egeates le señaló: —Te haré sacrificar, para que los quienes han sido engañados por ti puedan abandonar la vanidad de tu enseñanza y ofrezcan sacrificios que agraden a los dioses; porque no hay ciudad en Acaya donde ellos no hayan abandonado los templos de los dioses. Por eso, resulta necesario que se les devuelva, a través tuyo, el honor concedido a ellos, para que las deidades a quienes tú enfureciste, se apacigüen y tú puedas permanecer con nosotros en amor fraterno. Y si no, por deshonrarlos, serás sometido entonces a diversas torturas y serás colgado en una cruz, igual como el que tu glorificas. —

—Andrés replicó a esto: — ¡Escucha, oh fruto de la muerte, condenado al tormento eterno! — ¡Escucha a este siervo del Señor, apóstol de Jesucristo! Hasta ahora he conversado contigo humildemente, queriendo enseñarte la santa fe, para que tú, como persona inteligente, puedas reconocer la verdad y, rechazando los ídolos, adorar al Dios que vive en los cielos. Pero como sigues obstinado y te imaginas que voy a tener miedo a tus torturas, sométeme a las más terribles torturas que conozcas; porque cuanto más agrade a mi Rey, más penosos serán los tormentos que soportaré por El. —

—Entonces Egeates ordenó extender al santo y azotarlo. —los tres verdugos después de alternarse siete veces entonces lo hicieron poner de pie, y lo llevaron ante el juez. Entonces este le dijo: —Escúchame, oh Andrés, no derrames en vano tú sangre; porque si no me obedeces, te haré crucificar en una cruz. —

—A este Andrés respondió: —Yo soy esclavo de la cruz de Cristo y deseo morir en una cruz. Tú puedes escapar del tormento eterno si, luego de haber probado mi resistencia, creyeras en Cristo; porque tu condenación me duele más que mis propios sufrimientos. Mis padecimientos se acabarán en un día, o a lo mucho en dos; pero los tuyos no se terminarán ni después de mil años. Por eso, no aumentes tus tormentos; ni enciendas en ti el fuego eterno. —

—Furioso, Egeates ordenó entonces crucificar al santo, con sus manos y pies atados. No quiso hacerlo clavar para que no muriera pronto; porque pensaba que colgándolo atado, podría someterlo a mayores torturas.

—Cuando los siervos del tirano lo llevaron al lugar de crucifixión, la gente se agolpó, gritando: Como ha pecado este justo hombre y amigo de Dios? — ¿Por qué lo quieren crucificar? —Pero Andrés instó a la muchedumbre a no estorbar su sufrimiento; y se fue caminando alegremente hacia su tormento, sin detener un momento su enseñanza. Cuando llegó al lugar de crucifixión, divisó a cierta distancia la cruz que le habían preparado, y exclamó en voz alta: — ¡Regocíjate, oh cruz, santificada por la carne de Cristo y adornada con sus miembros como perlas! —Hasta que el Señor fue crucificado sobre ti, fuiste algo abominable para los hombres; pero ahora ellos te aman

POST TENEBRAS LUX ERAT

y te abrazan con anhelo: porque los fieles saben del gozo que contienes y de la recompensa que es ofrecida por soportarte.

—Andrés oraba, Con valor y alegría voy hacia ti, santa cruz. Acéptame con júbilo, porque soy discípulo del que fue suspendido sobre ti. Recíbeme, porque siempre he querido y deseado abrazarte; oh preciosa cruz, que recibiste de los miembros del Señor el bello y glorioso adorno, belleza largamente deseada y ardientemente querida, que yo busqué sin cesar. Tómame de entre los hombres y entrégame a mi Maestro, para que el que me redimió a través de ti, pueda recibirme. —

—Diciendo esto, se quitó su vestimenta y se la dio a sus torturadores. Estos lo subieron a la cruz y le ataron los pies y las manos con cuerdas; así lo crucificaron con la cabeza hacia abajo y lo suspendieron. A su alrededor se agolpó toda una muchedumbre de alrededor de veinte mil personas, entre los que se encontraba Estrátocle, hermano de Egeates, que exclamaba junto con la demás gente, diciendo: Injustamente sufre así este santo. Pero Andrés fortalecía a los que creían en Cristo y les exhortaba a soportar los sufrimientos pasajeros, enseñando que ningún tormento puede compararse con la recompensa ganada mediante éste.

—Después la gente fue a casa de Egeates, donde le exclamó: —Este honorable santo y sabio maestro, bondadoso, bueno y humilde, no debe sufrir y debe ser bajado de la cruz; porque, a pesar que ya es el segundo día que está allí, sigue enseñando la verdad.—

—Entonces Egeates sintió temor e inmediatamente fue junto con ellos donde estaba Andrés para sacarlo de la cruz. Al verlo Andrés, le dijo: — ¿Por qué razón vienes aquí, Egeates? Si deseas creer en Cristo, el portal de la gracia te será abierto como te lo prometí. Pero si vienes solamente a bajarme de la cruz, no quiero salir de ésta vivo; porque ya estoy viendo a mi Rey, ya lo estoy adorando, ya estoy ante El. Pero estoy sufriendo por ti, porque la eterna perdición preparada para ti te está esperando.

—Cuando los siervos fueron a desatarlo de la cruz, no pudieron tocarlo; muchos otros trataron de hacerlo, uno tras otro, pero tampoco pudieron, porque sus manos se entumecieron. Entonces San Andrés gritó con fuerza: —Oh Señor Jesucristo, no permitas que me bajen de la cruz en la que he sido suspendido en Tu nombre; si no más bien recíbeme, oh Maestro, a Quien he amado, a Quien he conocido, a Quien confieso, a Quien deseo ver, por Quien me he vuelto como soy. —Oh Señor Jesucristo, recibe mi espíritu en paz, porque me ha llegado el momento de ir donde Ti, y mirarte a Ti, a quien he deseado tan fervorosamente Recíbeme, oh buen Maestro, y no permitas que me bajen de la cruz antes que tú recibas mi espíritu. —

—Cuando dijo todo esto, del cielo vino una luz como de relámpago que lo iluminó ante la vista de todos y brilló a su alrededor, de modo que los ojos del impuro no lograron verlo. Esta luz celestial brilló a su alrededor por el espacio de media hora y cuando desapareció, San apóstol entregó su espíritu y partió en medio de la brillante luz, para permanecer delante del Señor.

POST TENEBRAS LUX ERAT

—Cuando Andrés hubo partido donde el Señor, Maximilia, mujer de noble linaje y virtuosa y santa vida, con gran honor postró su cuerpo y, luego de embalsamarlo con costosos ungüentos, se echó en la tumba donde trató de enterrarse.

—Egeates se enfureció con la gente, y se puso a planear cómo infligir venganza en ellos y castigar a quienes lo habían abiertamente desafiado. En cuanto a Maximilia, quería denunciarla ante el emperador. —Pero en eso, un demonio repentinamente se posó en él y comenzó a atormentarlo; a causa de ello, Egeates murió en el medio de la ciudad.

—Citando su hermano Estrátocles se enteró de esto, ordenó que lo enterraran; pero él no tocó nada de la propiedad de éste, diciendo: —Oh mi Señor Jesucristo haz que no toque nada de los tesoros de mi hermano para no mancharme con su pecado; porque él, por amar los vanos bienes se atrevió a matar al apóstol del Señor.— Por eso, decidió distribuir todas las riquezas de su hermano a los pobres y los indigentes; y con el mismo dinero, hizo construir una casa diocesana en el lugar donde reposan las reliquias de Andrés . Con el tiempo, él también descansó como buen pastor del rebaño dotado de razón. Maximilia, asimismo, distribuyó su oro a los pobres; y en un lugar separado, fundó dos monasterios, uno para hombres y otro para mujeres. Después de haber vivido una vida buena y agradable a Dios, ella también partió a las mansiones del cielo.

—Esto ocurrió el último día del mes de noviembre, en la ciudad de Patras, en Acaya, donde desde entonces el pueblo es beneficiado con muchos favores, gracias a las oraciones del apóstol. El temor a Dios estaba en todos y no había nadie que no creyera en nuestro Dios y Salvador, aquel que quiere salvar a todos los hombres y llevarlos al conocimiento de la verdad, a Quien sea para siempre la gloria. Amén. —

—Después de muchos años, —las reliquias del apóstol Andrés fueron trasladadas a Constantinopla por el mártir Artemio, por orden del emperador Constantino el Grande, donde fueron guardadas en un relicario junto con las de los santos evangelistas Lucas y Timoteo, discípulo del apóstol Pablo, en la más espléndida iglesia de los apóstoles, dentro del altar.

POST TENEBRAS LUX ERAT

San Bartolomé

—San Apóstol Bartolomé fue uno de los doce Apóstoles de Cristo. Después de recibir el Espíritu Santo en pentecostés, que descendió sobre los Apóstoles en forma de lenguas de fuego, San Bartolomé, junto al Apóstol Felipe, fue a predicar el Evangelio en Siria y Asía Menor. Ambos se trasladaron allí, primero predicando juntos y después por separado, a través de varias ciudades, luego juntándose de nuevo, llevando a la gente a la salvación a través de la fe en Jesucristo.

—En Asia Menor, el Apóstol Felipe se separó de San Bartolomé por un tiempo, en donde convirtió a Cristo a los fieros y salvajes habitantes de Lidia y Misia. Por ese tiempo, San Bartolomé, que anunciaba a Cristo en las ciudades vecinas, recibió un mandato del Señor para ir en ayuda de San Felipe. Una vez reunidos, San Bartolomé se esforzó en sus tareas apostólicas junto a él en una sola unión de pensamiento. — Felipe fue seguido por su hermana, la virgen Mariamna, y todos juntos comenzaron a trabajar por la salvación de la raza humana. Durante su paso por las ciudades de Lidia y Misia y al difundir las buenas nuevas de la palabra de Dios, tuvieron que soportar muchas pruebas, azotes y tribulaciones a manos de los infieles; fueron encarcelados y apedreados; pero a pesar de todas estas persecuciones, mediante la gracia de Dios, siguieron con vida para las tareas que les esperaban en la difusión de la fe cristiana.

—En una de las aldeas de Lidia se encontraron con San Juan el Teólogo, el querido discípulo de Cristo, y con él viajaron a la tierra de Frigia. Al entrar a la ciudad de Hierápolis anunciaron a Cristo. Por ese entonces, la ciudad estaba llena de ídolos que todos sus habitantes adoraban; y entre estas falsas deidades había una inmensa víbora, para la cual habían construido un templo especial. Allí le llevaban comida y le ofrecían innumerables y variados sacrificios. Estos irracionales adoraban de igual forma a otras serpientes y víboras. San Felipe y su hermana se protegieron a sí mismos con oraciones contra la víbora, y fueron ayudados por San Bartolomé y Juan el Teólogo, quien todavía se encontraba con ellos en ese momento.

—Todos juntos vencieron a la serpiente mediante la oración, como si esta fuera una lanza, y a través del poder de Cristo la mataron. Posteriormente, Juan el Teólogo se separó de ellos, dejándoles Hierópolis para que allí anunciaran la palabra de Dios, en tanto que él se marchó a otras ciudades para difundir las jubilosas sagradas nuevas. Felipe, Bartolomé y Mariamna se quedaron en Hierápolis, esforzándose con empeño por eliminar la oscuridad de la idolatría, a fin que la luz del conocimiento de la verdad pudiera brillar entre los descarriados. En esto trabajaron día y noche, enseñando la palabra de Dios a los incrédulos, fustigando a los necios y encaminando a los errantes por el camino de la verdad.

—En esa ciudad había un hombre llamado Estaquio, el cual era ciego desde hacía Cuarenta años. Los Santos Apóstoles, mediante el poder de la oración, dieron luz a sus ojos corporales, y predicando a Cristo, iluminaron también su ceguera espiritual. Después de bautizar a Estaquio, los Santos se quedaron en casa de éste. Al difundirse por la ciudad el rumor que el ciego Estaquio había recuperado la vista, una gran multitud de gente comenzó a agolparse en la casa. Los Santos Apóstoles enseñaron a todos los llegados la fe en Cristo Jesús. Muchos enfermos fueron también llevados, y los Santos Apóstoles sanaron a todos con la oración y expulsaron demonios, de modo que un gran número de personas llegaron a creer en Cristo y se hicieron bautizar.

—La esposa del gobernador de esa ciudad, un hombre llamado Nicanor, fue mordida por una serpiente y yacía enferma, a punto de morir. Al saber que los Santos Apóstoles se alojaban en casa de Estaquio y que ellos sanaban toda clase de males tan sólo con una palabra, en ausencia de su marido ella se hizo llevar con sus esclavos donde ellos. —Allí recibió una doble curación: en el cuerpo, de la mordida de la serpiente; y en el espíritu, del engaño demoníaco; porque al recibir las enseñanzas de los Santos Apóstoles, llegó a creer en Cristo. Cuando el gobernador regresó, sus esclavos le informaron que a su mujer le habían enseñado a creer en Cristo unos extranjeros que vivían en casa de Estaquio.

—Con gran furia, Nicanor ordenó arrestar inmediatamente a los Santos Apóstoles y quemar la casa de Estaquio, órdenes que fueron cumplidas. Después se congregó una gran cantidad de gente, y arrastraron por la ciudad a los Santos Apóstoles Felipe y Bartolomé, e incluso a la santa virgen Mariamna, mofándose de ellos, golpeándolos y, finalmente, encarcelándolos. Posteriormente, el gobernador de la ciudad tomó su sitio en el tribunal, para presidir el juicio a los que anunciaban a Cristo.

—Presentaron todos los sacerdotes de los ídolos y los sacerdotes de la serpiente muerta y expusieron sus quejas contra los Santos Apóstoles, diciendo: —Oh Señor, venga el deshonor hecho a nuestros dioses; porque desde que estos extranjeros se aparecieron en nuestra ciudad, los altares de nuestros grandes dioses permanecen olvidados y la gente ya no se acuerda de ofrecerles sus sacrificios acostumbrados; nuestra reconocida diosa, la serpiente, ha muerto, y la ciudad entera se llena de iniquidad. Por lo tanto... — ¡Da muerte a estos hechiceros. —

—Entonces el gobernador de la ciudad ordenó que despojaran a Felipe de sus vestimentas, pensando que dentro se encontraban sus mágicos encantos; pero cuando se lo quitaron, no encontraron nada. Lo mismo hicieron con San Bartolomé, pero tampoco encontraron nada en su ropa, y cuando se acercaron a Mariamna con la misma intención es decir, quitarle la vestimenta y dejar desnudo su virginal cuerpo, repentinamente ella se transformó en una ardiente llama ante la vista de todos, por lo que los impíos tuvieron que huir atemorizados. Los Santos Apóstoles fueron condenados por el gobernador a la crucifixión.

—El primer en sufrir fue San Felipe. Le perforaron orificios entre los huesos del tobillo, por donde hicieron pasar cuerdas, y lo crucificaron en una cruz con la cabeza hacia abajo, delante del portal del templo de la serpiente, y entre tanto le arrojaban piedras. Después crucificaron al Santo Apóstol Bartolomé en la pared del templo. — Repentinamente, un gran terremoto sacudió la tierra; esta se abrió y se tragó al gobernador, a todos los sacerdotes y a una gran cantidad de infieles. —Todos los que permanecieron con vida tanto creyentes como paganos, se sobrecogieron de temor y, lamentándose, rogaron a los Santos Apóstoles que se apiadaran de ellos, suplicaron al verdadero Dios que no permitiera que la tierra se los tragara a ellos también.

POST TENEBRAS LUX ERAT

Apresuradamente se pusieron a sacar de la cruz a los Apóstoles. San Bartolomé no estaba suspendido muy por encima del suelo, por lo cual pudo ser sacado pronto.

—Pero a Felipe no lograron sacarlo, porque estaba suspendido muy arriba, particularmente porque era la voluntad de Dios que su Apóstol, después de estos sufrimientos y muerte en la cruz, pasara de la tierra al cielo, a donde se habían dirigido sus pasos durante toda su vida. Colgado de esta manera, San Felipe oró a Dios por sus enemigos, para que él los perdonara de sus pecados e iluminara su mente a fin que aprendiera el conocimiento de la verdad. El Señor accedió a su petición e inmediatamente hizo que la tierra echara con vida a las víctimas que se había tragado, con excepción del gobernador y los sacerdotes de la serpiente. —Entonces todos confesaron y glorificaron en voz alta el poder de Cristo, expresando su deseo de ser bautizados. Cuando se aprestaban para sacar al Santo Felipe de la cruz, se dieron cuenta que ya había entregado su santa alma en manos de Dios, entonces lo bajaron muerto. Su hermana, la santa Mariamna, que había presenciado en todo momento los sufrimientos y la muerte de su hermano Felipe, abrazó y besó con amor su cuerpo, cuando lo bajaron de la cruz y se alegró que él hubiese sido honrado con sufrir por Cristo.

—San Bartolomé bautizó a los que llegaron a creer en el Señor y ordenó como obispo a Estaquio. Los recién conversos cristianos enterraron con gran honor el cuerpo dSan Apóstol Felipe. En el lugar donde se derramó la sangre dSan Apóstol, creció en tres días una vid, como señal que San Felipe estaba disfrutando de la dicha eterna junto a su Señor en su Reino por la sangre que había derramado en nombre de Cristo.

—Después del entierro del Apóstol Felipe, San Bartolomé y la bendita virgen Mariamna se, quedaron unos cuantos días más en Hierápolis, a fin de afirmar en la fe de Cristo la recién fundada iglesia, y después se separaron. La santa Mariamna fue a Licaonia, en donde después de anunciar triunfalmente la palabra de Dios, descanso tranquilamente en el Señor (conmemorándosela el 7 de febrero). En tanto que San Bartolomé fue a la tierra de India, en donde pasó mucho tiempo trabajando en la predicación de Jesucristo, pasando por ciudades y aldeas y sanando en su nombre a los enfermos. —Después de iluminar a muchos, paganos y establecer iglesias, tradujo a la lengua local el Evangelio según San Mateo, el cual había traído consigo, y se los mostró. También les dejó un Evangelio escrito en lengua hebrea, el cual fue llevado a Alejandría un siglo después por el filósofo cristiano Panteno. De la India, San Bartolomé fue a Armenia Mayor. Al llegar a dicho lugar, los ídolos, o mejor dicho, los demonios que moraban en éstos, se callaron, lamentando con sus últimas palabras que Bartolomé los estaba atormentando y que pronto los expulsaría. En realidad, los espíritus inmundos fueron expulsados no sólo de los ídolos, sino que también de la gente, con la sola aproximación del Apóstol; por esta razón muchos se convirtieron a Cristo.

—Polimio, el rey de esa tierra, tenía una hija que estaba poseída por el demonio, quien exclamaba por los labios de ella: —Bartolomé, —¿también nos echarás de este lugar?— el rey, al oír esto, ordenó buscar inmediatamente a Bartolomé; y cuando el Apóstol de Cristo estuvo al lado de la muchacha poseída, el demonio huyó al instante, siendo sanada la hija del rey. El rey, deseando mostrar su gratitud al Santo, le llevó camellos cargados de oro, plata, perlas y distintas piedras preciosas.

—El Apóstol, en su gran humildad, no guardó nada de lo que había recibido, sino que devolvió todo al rey, diciendo: —Yo no busco estas cosas, sino más bien el alma de los hombres; y si las consiguiera y las llevara a las mansiones del cielo, seré un gran mercader ante los ojos del Señor.— El rey Polimio, impactado por estas palabras, comenzó a creer en Cristo junto a toda su familia y recibió el bautismo dSan Apóstol, junto con la reina y la hija que San había sanado, además de una gran cantidad de nobles y gente de esa tierra; en esa ocasión recibieron también San bautismo tantos como diez ciudades, siguiendo el ejemplo de su rey. —

—Sin embargo, al ver esto los sacerdotes idólatras se encolerizaron contra San Apóstol, lamentándose profundamente por la destrucción de sus dioses, la caída de la idolatría y el abandono de los templos, de donde había obtenido su medio de vida. Entonces convencieron al hermano del rey, Astiago, para que infligiera venganza a él por la ofensa hecha a sus deidades.

—Astiago, esperando el momento preciso, apresó al Santo Apóstol en la ciudad de Albano (Baku actual) y lo hizo crucificar con la cabeza hacia abajo. San Apóstol sufrió con dicha por Cristo y, así suspendido de la cruz, no dejó de proclamar la palabra de Dios. Hizo que los fieles fueran firmes en su fe y exhortó a los incrédulos que conocieran la verdad y se alejaran de la oscuridad de los demonios hacia la luz de Cristo.

—El tirano se rehusó escuchar esto y, en lugar de ello, ordenó desollar vivo al Apóstol Bartolomé; —sin embargo, San, soportando todo con gran paciencia, no se quedó callado, sino que enseñó a todos sobre Dios y ofreció a él la glorificación.

—Finalmente, el tirano mandó arrancar la cabeza dSan Bartolomé de su cuerpo, junto con su piel. —Sólo entonces sus labios se aquietaron; aunque su cuerpo, al ser sacada su cabeza, permaneció colgado de la cruz; en tanto que sus piernas, que fueron colocadas hacia lo alto, daban la impresión de apuntar el camino del Apóstol hacia el cielo. Así concluyó la vida terrenal de Bartolomé el Apóstol de Cristo, que había pasado por mucho dolor, hacia la gloria de su Señor (alrededor del año 90 d.C.).

— Los fieles que estaban presentes en el momento del descanso del Santo Apóstol, sacaron su cuerpo de la cruz, así como su cabeza y piel, lo colocaron en un ataúd de plomo y dispusieron su entierro en la Ciudad de Albano (ahora capital Baku de Azerbaiyán actual) en Armenia Mayor. Con sus reliquias los enfermos recibieron curaciones milagrosas, razón por la cual muchos incrédulos se convirtieron a la Iglesia cristiana. —

—Por el año 508 d.C., durante el reinado del emperador Anastasio, las reliquias del Santo Apóstol Bartolomé fueron trasladadas de Albano a la ciudad de Dura, en Mesopotamia. Cuando los persas tomaron control de la ciudad en el año 574, los ciudadanos de Dura llevaron tales reliquias a las costas del Mar Negro, en donde sus enemigos los cogieron desprevenidos. —Allí, los infieles echaron las reliquias al Mar

POST TENEBRAS LUX ERAT

Negro, junto a los restos de otros cuatro Santos — los mártires Papias, Luciano, Gregorio y Acacio. Dios, en su providencia, dispuso que ellos santificaran grandes extensiones del mar que atravesaron hasta llegar a las tierras que irían a recibirlos. — Las reliquias de San Apóstol Bartolomé recorrieron el profundo abismo del Mar Negro, el angosto estrecho del Helesponto, los abiertos mares Egeo y jónico, hasta la pequeña isla de Lipari, lejos de la costa norte de Sicilia. En este lugar, las reliquias de San Papias fueron a Amila en Sicilia, las de San Luciano a Mesina, las de San Gregorio a Colimi, una ciudad de Calabria, y las de San Acacio a la ciudad de Ascalo.

—El divino Apóstol envió entonces una visión al obispo local, Agatón, revelándole que sus reliquias habían llegado a Lipari. El obispo inmediatamente partió con prisa a la costa junto con su clero y toda la gente. Al ver las reliquias del Sanyo Apóstol, el piadoso jerarca y todos quienes lo acompañaban se maravillaron profundamente que el ataúd de plomo no se hubiera hundido por debajo de las olas y que hubiera navegado tan lejos por el mar como la más liviana de las embarcaciones. El obispo exclamó: — ¿Por qué razón y para qué, oh isla de Lipari, llegas a poseer esta riqueza y gran tesoro? ¡Te han honrado en extremo! ¡Grande es esta gloria! Por eso, alborózate y salta de alegría; toma con tus manos este tesoro y grita fuerte: ¡Bienvenido, bienvenido, oh Apóstol del Señor.—

—Deseando guardar en un relicario el sagrado cofre en un lugar de honor, pensaron construir una iglesia para la gloria del renombrado Apóstol. El cofre de plomo era bastante grande, y aunque varias veces intentaron moverlo a diversos lugares, este permaneció en su sitio. Entonces Agatón recibió una revelación divina indicándole que debían atarlo con cuerdas y hacerlo llevar con dos vaquillas hasta el lugar donde las reliquias querían quedarse. Mientras las vaquillas arrastraban el cofre, la vecina isla de Priano expulsaba permanentemente agua hirviendo que dañaba a Lipari. Pero por el poder de Dios, esto se trasladó como a una milla de distancia y dejó de implicar amenaza a Lipari. — ¡Oh maravilloso milagro! — ¿Quién ha escuchado alguna vez semejante hecho? —Cuando todas estas cosas pasaron el obispo Agatón erigió una hermosa iglesia. La santa Iglesia conmemora la milagrosa traslación de las preciosas reliquias de San Bartolomé el 25 de agosto.

—Posteriormente, la isla fue capturada por los árabes, quienes diseminaron las reliquias del Apóstol Bartolomé; pero éstas se volvieron a juntar de una manera milagrosa; porque San Bartolomé se apareció a cierto monje y le indicó el lugar donde ellas serían encontradas. Después las reliquias del Apóstol fueron trasladadas a la ciudad de Benevento, cerca de Nápoles (en el siglo IX), de donde fueron llevadas (aunque sólo una parte) a Roma, en el siglo X.

—No se puede dejar de mencionar un incidente que ha sido registrado en la vida del venerable José el Hinmógrafo. Cierto día, en Tesalia, el venerable José recibió una parte de las reliquias del Apóstol Bartolomé de cierto virtuoso hombre conocido de él. Luego de llevarlas a su monasterio, que estaba cerca de Constantinopla, José hizo construir una iglesia especial en honor del Apóstol Bartolomé, en donde guardó la parte de las sagradas reliquias que había recibido. —Por el gran amor y la fe en San Apóstol, a menudo tenía el privilegio de ver en visiones en sus sueños, razón por la cual adornó la fiesta del Apóstol con himnos de oración; sin embargo, resolvió no

POST TENEBRAS LUX ERAT

hacerlo así, ya que dudaba si esto agradaría o no al Santo; entonces rogó intensamente a Dios y a su Apóstol para que le revelaran su voluntad y le dieran la sabiduría desde arriba para componer los versos de oración que fueran apropiados para San Bartolomé.

—Haciendo ayuno e implorando con lágrimas, el venerable José oró durante cuarenta días; entonces cuando faltaba muy poco para el día de la conmemoración del Apóstol, en la víspera de la solemnidad, en una visión presenció al Santo Bartolomé aparecerse en el santuario, ataviado con sus vestimentas de deslumbrante blancura. San abrió la cortina del santuario y le indicó que se acercara; y cuando el venerable José lo hizo, San Apóstol tomó de la mesa del altar San Evangelio y lo colocó cerca del pecho de José, diciendo: — ¡Qué la mano derecha de Dios Todopoderoso te bendiga y que las aguas de la sabiduría celestial rocíen tu lengua; que tu corazón sea un templo del Espíritu Santo y que tu canto de himnos agrade a todo el mundo!—

—Hablando así San Apóstol Bartolomé, se hizo invisible; pero el venerable José, sintiendo dentro de sí la gracia de la sabiduría, se llenó de un inexplicable júbilo y agradecimiento. Desde ese instante, comenzó a componer himnos y cánones sacros, con los que adornó las fiestas no sólo de Bartolomé, sino que también de muchos otros Santos. —El es conocido principalmente por la gran cantidad de cánones que compuso en honor a la purísima Madre de Dios y San jerarca Nicolás. Adornó la santa Iglesia con su abundante himnografía, por lo cual se lo conoció como el Himnógrafo y se lo conmemora el 3 de abril (aunque según algunos calendarios, el día 4). Por todo esto, gloria sea a Cristo nuestro Salvador, con el Padre y el Espíritu Santo, por los siglos de los siglos. Amén.

—Hay algunos que piensan que Bartolomé es Nataniel, a quien Felipe llevó donde Cristo. Para corroborar esto, sostienen que el nombre del Apóstol de Cristo era Nataniel; pero que su nombre de familia, derivado del de su padre, era Bartolomé, o sea, el hijo de Tolomeo. La palabra —bar— en hebreo significa —hijo,— tal como el Señor Cristo también la usó en referencia al Apóstol Pedro, cuando dijo: —Bendito eres tú, Simón Barjona— (Mateo 16:17), que significa —hijo de Jonás.— También el ciego de Jericó fue llamado Bartimeo, o sea, hijo de Timeo.

—Así pues, consideran que Bartolomé fue llamado hijo como un patronímico, hijo de Tolomeo; porque Tolomeo era un antiguo nombre entre los judíos y era usado con frecuencia. Sostienen que existen fundamentos para esto porque en ninguno de los Evangelios se habla de los llamamientos de Bartolomé al apostolado a menos que se considere la narración de Nataniel como tal. Por otra parte, los tres primeros evangelistas — Mateo, Marcos y Lucas, que mencionan a Bartolomé, no dicen nada sobre Nataniel; en tanto que el evangelista Juan, que sí menciona a Nataniel, no habla nada sobre Bartolomé; y cuando se refiere a la recolección de peces en la aparición del Salvador resucitado, menciona a Nataniel como entre los hombres más próximos a los Apóstoles. Para precisar, señala: —Estaban juntos Simón, Pedro y Tomás, llamado el Didimo, y Nataniel, el que era de Caná de Galilea, y los hijos de Zebedeo y otros dos de sus discípulos— (Juan 21:2).

POST TENEBRAS LUX ERAT

POST TENEBRAS LUX ERAT

San Felipe

—Junto al mar de Galilea, en las márgenes del lago de Genesaret y Capernaum, se encontraba el pueblo de Betsaída. En este pueblo nacieron tres de los doce apóstoles de Cristo: Pedro, Andrés y Felipe. Los dos primeros eran pescadores, ocupación que desempeñaron hasta cuando los llamó Cristo; en tanto que Felipe desde su niñez se había dedicado al estudio teórico. Después de leer y estudiar asiduamente las Sagradas Escrituras y las profecías que hablaban del anhelado Mesías, le vino repentinamente a él un ferviente amor por Aquél y un intenso deseo de presenciar al Señor estando frente a frente. Como él todavía no lo había visto, no sabía que ese a quien muchos deseaban ver ya estaba en la tierra.

—Mientras que Felipe estaba enfervorizado de amor por el Mesías, Cristo entró por los alrededores de Galilea y allí encontró a aquél. —¡Sígueme!— Le dijo Cristo a Felipe. Este, al escuchar el llamado del Señor, creyó con todo su corazón que El era en verdad el Mesías, prometido por Dios a través de los profetas; y entonces lo siguió. Prestando oído a la santísima vida del Señor, Felipe se esforzó por emularlo y aprender de Él la divina sabiduría, mediante cuyo poder él pudo después someter la necedad de los paganos. Sintiendo regocijo por haber descubierto este Tesoro, por el cual el mundo entero sería redimido.

— Felipe no quiso guardar para sí solo este tesoro, sino que deseaba compartirlo con los demás. Al encontrarse con su amigo Nataniel, jubilosamente le anunció él: — Hemos encontrado a Él, de quien Moisés en la ley y los profetas escribieron: Jesús de Nazaret, el Hijo de José. — Pero Nataniel, dudando que un pueblo insignificante y una gente sencilla pudieran dar origen al Mesías, el Rey de Israel, dijo: — ¿Puede algo bueno provenir de Nazaret?— Felipe, sin responderle, le aconsejó que sólo lo viera a Él. —Ven y ve, — le dijo. Tuvo la sensación que Nataniel necesitaba sólo ver a Jesús y escuchar sus palabras de salvación, a fin de creer que el era el Mesías; y fue así como realmente ocurrió.

—Cuando ambos fueron donde Jesús, el Señor, quien pone a prueba los corazones y refrena, y lee los pensamientos ocultos del corazón de los hombres, al ver venir a Nataniel hacia El, lo reconoció y le dijo: —He aquí un israelita de verdad, en quien no hay engaño.— Al escuchar Nataniel estas palabras, se quedó muy asombrado y le dijo a Jesús: —¿Cómo me conoces?— el Señor le replicó: —Antes que Felipe te llamara, cuando estabas debajo de la higuera, yo te vi.— Porque cuando Nataniel estaba sentado allí, estaba pensando en el Divino Mesías, en quien se encarnaban todo el júbilo y la alegría de los fieles sirvientes de Dios; y en ese momento Dios le concedió el arrepentimiento de corazón y fervientes lágrimas, lo que añadió a su sincero ruego para que el Señor cumpliera lo que había prometido en tiempos pasados a sus padres y enviara a la tierra al Salvador del mundo.

—Dios, que todo lo ve, observó en ese momento a Nataniel, porque entonces albergaba un espíritu de compunción. Fue por esta razón que el Señor le dijo a Nataniel que El lo había visto cuando este se encontraba debajo de la higuera. Con

POST TENEBRAS LUX ERAT

estas palabras Nataniel se asombró todavía más. Se puso a recordar lo que estuvo pensando cuando estuvo bajo el árbol, así como la compunción con la que había implorado a Dios para que enviara al Mesías. Concluyó también que en ese momento no había nadie más que pudiera haberlo visto y captado sus pensamientos excepto Dios. Por eso que Nataniel creyó inmediatamente que Jesús era el Mesías, a quien Dios había prometido enviar para salvar la raza humana, y reconoció la divina esencia en Jesucristo, quien había visto los secretos de su corazón; por tal razón, exclamó: —¡Rabí, Tú eres el hijo de Dios; Tú eres el Rey de Israel!— (Juan 1:43-49).

—Cuantos sentimientos de gratitud experimentó después Nataniel hacia Felipe por haberle anunciado éste la venida a la tierra del Salvador y haberlo conducido hasta donde el Mesías prometido! San Felipe sintió júbilo en su corazón porque la gente había encontrado su divino Tesoro escondido en las profundidades de la naturaleza humana, por lo cual su amor por el Señor creció todavía con mayor fervor. No obstante, San Felipe veía en su divino Maestro sólo las sobresalientes perfecciones humanas y no se daba cuenta que El a la vez era Divino.

— Por tal motivo, Cristo resolvió sacarlo de su error. Un día, cuando el Señor pasaba al otro lado del mar de Tiberiades junto a cinco mil personas, deseando alimentar a sus seguidores de una manera milagrosa, Jesús le preguntó a Felipe: —¿Dónde podemos comprar pan para que éstos puedan comer?— Le dijo esto para probarlo, porque sabía de antemano lo que Felipe diría como respuesta. Por tal razón, le preguntó a Felipe sobre esto, a fin que éste lo llegara a conocer más y, avergonzado de su falta de fe, él saliera de su error. En efecto, Felipe no estaba consciente de la omnipotencia de Jesucristo, ni tampoco iría a decir —Tú puedes hacer todas las cosas, oh Señor; no viene al caso hacer esta pregunta a alguien. Sólo deséalo y al instante todo te será satisfecho. Cuando abras tu boca, todas las cosas se llenarán de bondad— (Salmos 103:28).

—Felipe no dijo esto, sino que, tomando a su Señor como a un hombre y no como a Dios, señaló: —Doscientos denarios de pan no les bastarán, para que cada uno de ellos tome un pedazo— (Juan 6:7), y posteriormente, con los otros discípulos, dijo él: —Envíalos para que vayan a los cortijos y aldeas de alrededor, y compren para sí pan; porque no tienen qué comer— (Marcos 6:36). Pero cuando Jesús partió los cinco panes y los dos peces para las cinco mil personas, Felipe vio que de la mano del Señor, como si fuera un granero inagotable, cada uno recibía la comida suficiente, hasta que todos se saciaron. Entonces el discípulo se sintió muy avergonzado por su falta de fe y, fortalecido en su alma, con los demás él glorificó el poder de Dios en Cristo Jesús.

—Posteriormente, el Señor lo eligió para el coro de sus doce apóstoles, le otorgó la gracia, y le dio el honor de permanecer en su cercana compañía. Aconteció que un día de fiesta se reunieron en Jerusalén algunos griegos. Estos no podían acercarse a Jesús, porque eran paganos sin fe; por tal motivo, se acercaron a Felipe y le pidieron hacerlos ver a Jesús. Este fue a informar primero a Andrés, y juntos se atrevieron a decirle al Señor del deseo de los griegos, alegrándose que hasta los paganos estuviesen tratando de ver y escuchar a su Señor y Maestro. Después él escuchó de Jesús la maravillosa enseñanza y profecía sobre los gentiles que llegarían a creer en

El, aunque no entonces, sino después de su muerte. —*Ha llegado la hora en que el Hijo del hombre ha de ser glorificado... Que si el grano de trigo no cae en la tierra y muere*, dijo él, — *queda solo; pero si muere, mucho fruto lleva*— (Juan 12:21-24). De esta manera Cristo realmente estaba diciendo: —Mientras esté en la tierra, no tendré más que una parte de la casa de Israel; pero si muero, tendré no sólo la casa de Israel, sino que también muchos de los gentiles creerán en Mí. —

—En otra ocasión, después de la cena mística, Felipe se atrevió a preguntar al Señor sobre el gran misterio de su divinidad, cuanto éste suplicó que el Padre se manifestara a través de Él, diciendo: —*Señor, muéstranos al Padre, y nos basta*— (Juan 14:8). Al hacer esta pregunta, él hizo mucho bien a la iglesia de Cristo; porque desde entonces hemos aprendido a reconocer la consubstancialidad del Padre y del Hijo, y a refrenar la boca de los herejes que rechazan la Verdad Divina.

—Porque el Señor, con un suave reproche, le replicó a Felipe: — ¿*Tanto tiempo hace que estoy con vosotros, y todavía no me conoces, Felipe? el que Me ha visto, ha visto a Mi Padre. ¿Cómo, pues, dices tú: Muéstranos al Padre?* — ¿*No crees que yo estoy en el Padre y que el Padre está en Mí?* —*Las palabras que yo os digo, no las hablo de mí mismo; mas el Padre que está en mí, él hace las obras. Creedme que Yo estoy en el Padre, y el Padre, en Mí;* — *de otra manera, creedme por las mismas obras*— (Juan 14:9-11). Esta respuesta del Señor enseñó al santo Felipe, y por él, a toda la Iglesia católica apostólica, a creer como se debe en la igualdad de la divinidad del Padre y el Hijo, denunciando la blasfemia de Ario, quien señaló que el Hijo de Dios es una criatura y no el Creador.

—Después de la pasión y resurrección voluntarias del Hijo de Dios, San Felipe, junto con los demás apóstoles, vio a su Señor en su cuerpo inmortal y glorificado, recibió de El su paz y bendición, y también presenció su Ascensión. Después, fue honrado con la gracia del Espíritu Santo y se convirtió en predicador de Cristo entre los gentiles, porque a él le tocó anunciar la Palabra en Asia Menor y Siria. Sin embargo, primero fue a evangelizar a Galilea.

—Allí, una vez aconteció que se le acercó una mujer que llevaba en sus brazos a su niño muerto y se lamentaba desconsoladamente. Al verla, él se apiadó; entonces estiró su mano poniéndola sobre el niño y le dijo: — ¡Levántate! Es Cristo quien te lo ordena; porque es a Él a quien yo anuncio. — Al instante el niño regresó a la vida. La madre, viendo a su hijo con vida y bueno, se llenó de júbilo y se puso a los pies del apóstol, expresándole su gratitud por haber éste resucitado a su hijo y luego le pidió que la bautizara; porque ella había llegado a creer en el Señor Jesucristo a quien él anunciaba. El apóstol bautizó a la madre y el hijo, luego de lo cual partió hacia tierras paganas.

—Durante su predicación del Evangelio en Grecia, el apóstol realizó numerosos milagros, curó enfermedades, y resucitó a un muerto a través del poder de Cristo. Este último milagro dejó asombrados a los judíos que allí vivían, lo cual informaron a Jerusalén, a los sacerdotes principales y los príncipes de los judíos, diciendo que allí había llegado un extranjero de nombre Felipe, para anunciar el nombre de Jesús, mediante el cual expulsaba los demonios, sanaba todas las enfermedades e, incluso, había resucitado a un hombre de entre los muertos mediante el mismo nombre de Jesús; y que muchos habían llegado a creer en Cristo.

—Pronto llegó de Jerusalén a Grecia un sacerdote jefe, acompañado por escribas, el cual fulminó amargamente a Felipe. Ataviado con sus vestimentas clericales, el apóstol se sentó en el tribunal, en presencia de una gran cantidad de gente, tanto de judíos como de gentiles. Luego lo llevaron más allá, en medio de aquel grupo. El sacerdote jefe, fijándole una mirada amenazadora, le dijo airadamente: — ¿Acaso no basta haber engañado a esta gente sencilla e ignorante de Judea, Galilea y Samaria? —Pero tú has ido más allá hasta donde los sabios griegos, para difundir las malas enseñanzas que aprendiste de Jesús, el adversario de la ley de Moisés, por lo cual fue condenado, crucificado y pereció de una muerte ignominiosa.

—Le enterraron sólo gracias a la fiesta de Pascua; y vosotros, sus discípulos, robasteis en secreto Su cuerpo, y para engañar a muchos, difundisteis la palabra por todas partes diciendo que el mismo había resucitado de entre los muertos.— Al escuchar estas palabras del sacerdote jefe, la multitud comenzó a exclamar contra Felipe: —Qué tienes que decir en respuesta a esto, Felipe?— —Se produjo un fuerte rumor entre la gente; algunos pedían que inmediatamente dieran muerte a Felipe; otros, que fuese enviado a Jerusalén para ser ejecutado. Entonces San Apóstol le dijo al sacerdote jefe: — ¡Injustamente amas la vanidad y dices falsedades! — ¿Cómo es que tu corazón es duro y por qué no quieres confesar la verdad? — ¿Acaso vosotros no habéis sellado la tumba y colocado allí una guardia; y —cuando el Señor se levantó de entre los muertos sin romper el sello de la tumba, —acaso no le dieron dinero a la guardia para que se culpen a sí mismos, diciendo que mientras ellos dormían los discípulos habían robado el cuerpo de Él? — el día del juicio, los mismos sellos de la tumba serán los que desenmascararán abiertamente vuestra falsedad; porque ellos fueron una indiscutible evidencia de la verdadera resurrección de Cristo.—

—Al escuchar esto, el sacerdote jefe se encolerizó todavía más y, en un arranque de insana maldad, se abalanzó sobre el apóstol con la intención de agarrarlo y matarlo; pero en ese instante se quedó ciego, volviéndose negro. Los que estaban presentes, al ver lo ocurrido, atribuyeron este hecho a la hechicería, entonces también se abalanzaron sobre Felipe para eliminarlo, como si fuera un hechicero; pero todos ellos sufrieron el mismo castigo del sacerdote jefe. Entretanto, la tierra comenzó a temblar fuertemente, entonces todos se estremecieron de miedo y llegaron a conocer el gran poder de Cristo.

—El apóstol Felipe, al ver en ellos la ceguera de su espíritu y su cuerpo, comenzó a llorar por ellos y luego se volvió hacia Dios para rezar, rogándole que los perdonara. Y, ¡qué maravilla! con las oraciones dSan, de arriba llegó la curación sobre todos aquellos que estaban afligidos. Este milagro hizo que muchos se convirtieran a Cristo y creyeran en El. Sin embargo, el sacerdote jefe, cegado más que todo por maldad, no sólo que no quiso enmendar su comportamiento después del castigo infligido a él, sino que comenzó a proferir blasfemias contra nuestro Señor Jesucristo. —Entonces sobre él cayó un castigo todavía más grande. Repentinamente la tierra se abrió y lo tragó vivo, tal como una vez sucedió con Datán y Abirón (Números 16:1-3). —

POST TENEBRAS LUX ERAT

—Después que el sacerdote pereció, allí San Felipe bautizó a muchos y designó como obispo a cierto respetado y digno hombre llamado Narciso; después de lo cual partió hacia Partia. Durante el camino, el apóstol pidió a Dios que lo ayudara en sus tareas. —Entonces, ¡maravilla!.. .en el momento en que se estaba arrodillando para orar, del cielo se le apareció la figura de un águila que extendía sus piñones formando la cruz de Cristo. Fortalecido por esta manifestación, —San Felipe salió de nuevo a predicar; y después de recorrer los pueblos de Arabia y Candacia, resolvió cruzar el mar hasta la ciudad Siria de Azoto. Pero en la noche sobrevino en el mar una fuerte tormenta, que hizo desesperar a todos por salvar su vida. —Entonces San Apóstol comenzó a orar, e inmediatamente en el cielo se apareció la señal de la cruz portadora de luz, la cual brilló a través de la oscuridad de la noche; y el mar al instante se calmó y sus olas se extinguieron poco a poco.

—Cuando el barco echó anclas en la costa de Azoto, Felipe se desembarcó allí, en donde fue recibido en casa de cierto hospitalario hombre de nombre Niocledes, quien tenía una hija llamada Caritina, la cual sufría de una enfermedad que le afectaba a uno de sus ojos. Despues de escuchar la prédica del apóstol, todos llegaron a creer y a aceptar el sagrado bautismo. Después, Niocledes le pidió a Felipe que sanara el ojo de su hija. Entonces el apóstol le dijo a la muchacha: —Caritina, para revelar el milagroso poder inherente al sagrado bautismo, quiero que tú sanes tu propio mal. Por lo tanto, por la mañana, coloca tu mano derecha en tu ojo, e invoca el nombre de Cristo, el Maestro Salvador de almas, para que puedas sanarte. — Al seguir las instrucciones dSan, Caritina se sanó del mal, por lo cual agradeció al Señor. Entonces el apóstol se marchó.

—De Azoto, el apóstol Felipe viajó a Hierápolis de Siria. Allí, al predicar a Cristo, despertó la enorme ira de la gente, la cual lo amenazó matarlo mediante apedreamiento. Sin embargo, el auxilio del gobernante, un hombre llamado Iro, lo salvó de la indignación de la muchedumbre. — ¡Ciudadanos — les habló a ellos, — escuchad mi consejo! No hagamos daño a este extranjero hasta que no nos cercioremos si su doctrina es cierta; pero si resulta que no es así, entonces lo mataremos. — La multitud no se atrevió a oponerse a Iro, entonces éste llevó a Felipe a su casa. Pero cuando ellos llegaron a la casa juntos, la mujer del gobernante, Marcela, se ofendió por esto. Ella le pidió que la dejara libre de sus lazos conyugales y que le devolviera la dote, si no echaba a Felipe de su casa. —El apóstol, viendo que el gobernante estaba lleno de consternación, lo instó a que permaneciera firme en la fe; después, se ofreció para suplicar a Marcela. En tales circunstancias, la doncella de Iro había escuchado hablar al apóstol, entonces le dijo a su amo: — ¿De dónde viene este maravilloso hombre? — ¡Cuán dulces son sus palabras y cuán loable es su carácter!— el gobernante le contestó: —Mujer, este es el heraldo del gran Dios y el embajador del Eterno Reino. Por lo tanto, creamos en sus palabras. — La doncella fue inmediatamente donde Marcela para contarle sobre la gran virtud de Felipe. Después de escuchar ésta las palabras de aquélla, Iro y toda su familia le rindieron honores al apóstol y se hicieron bautizar, en conjunto con muchos de sus vecinos.

—Cuando la gente se enteró que Iro había aceptado el bautismo, ellos se reunieron en la noche y rodearon la casa, con la intención de incendiarla mientras Iro, el apóstol y todos sus sirvientes dormían. Sin embargo, el Espíritu Santo le avisó esto al apóstol, quien se presentó ante ellos sin temor; pero éstos, haciendo crujir sus dientes como bestias salvajes, se abalanzaron sobre él y lo llevaron al lugar de reuniones.

—Cuando el cabeza de la turba, que se llamaba Aristarco, vio al apóstol, le dijo: —Sé que ellos quieren quemarte por tus hechicerías. Si tú no repudias espontáneamente estas cosas, te haré apedrear hasta que mueras. Así como al Dios crucificado, te interrogaré sobre Él en una ocasión posterior. — Diciendo esto, estiró su mano y agarró el pelo del apóstol y, para ponerlo en ridículo, lo tiró a él de un lado a otro. El apóstol, con el fin de corregir la mala actitud de Aristarco, o quizá para que todos conocieran el poder de los sirvientes de Dios, exclamó en una voz fuerte, como para que escucharan todos, diciendo: —Oh Señor, Tú que has formado nuestro corazón y conoces nuestras acciones y pensamientos, escucha a mis palabras, que no provienen de la ira de la corazón, sino del deseo de corregir a los demás.

 —¡Paraliza el brazo de este revoltoso, que se atreve a levantar la mano contra la cabeza que Tú has bendecido!— Y... — ¡Milagro!.. — En ese mismo instante su brazo se comenzó a secar, y dejó de ver y oír. La actitud del gentío cambió: su ira se convirtió en asombro al ver este milagro. Entonces le suplicaron al apóstol que sanara a su exarca Aristarco; pero este les dijo: —Si él no está dispuesto a creer en el Dios a quien yo predico, él no se sanará. —

—En ese momento comenzó a pasar un funeral, entonces la gente, deseando burlarse del apóstol, le dijo: —Si tú resucitas a este muerto, Aristarco y todos nosotros vamos a creer en tu Dios. — El apóstol, entonces, levantó la mirada hacia el cielo, rezó un momento y, luego, volviéndose al muerto, le dijo: —Teófilo. — El muerto inmediatamente se sentó en el féretro y abrió los ojos. Luego Felipe le volvió a decir: —Cristo te ordena: ¡Levántate y habla con nosotros!— El hombre salió del ataúd y se puso a los pies del apóstol, diciendo: —¡Te agradezco, oh santo sirviente de Dios, que me hayas librado en esta hora de este gran daño; porque dos malvados moros negros me agarraron y me arrastraban; pero si tú no lo hubieses impedido y me hubieses librado de ellos, yo ya habría sido arrojado al oscuro hades!— Al presenciar este glorioso milagro, todos sintieron temor y admiración; porque Felipe conocía el nombre del muerto, al cual nunca antes había visto, y lo resucitó al instante; entonces todos comenzaron a glorificar el verdadero Dios que anunciaba Felipe.

—Después el apóstol hizo callar a la gente moviendo su mano, y ordenó a Iro, el cual había llegado, que hiciera la señal de la cruz con su mano sobre los miembros enfermos de Aristarco. Tan pronto como lo hizo éste, el brazo seco del exarca recuperó su forma inmediatamente, el cual recuperó también su visión y oído, quedando completamente sano. Con esto, la gente disipó toda duda y vacilación, y comenzaron a creer en Cristo, exclamando: —Ese a quien tú predicas, oh maravilloso hombre, es el único Dios verdadero y todopoderoso, el cual ha hecho todos estos maravillosos milagros. A él todos nosotros lo alabamos y en el creemos firmemente. — Luego, él volvió a calmar el tumulto haciendo un gesto y ordenó a Aristarco que hiciera la señal de la cruz e invocara el nombre de la Santísima Trinidad. Al hacerlo así, éste se recuperó totalmente. Después él fue uno de los primeros en recibir el bautizo redentor, junto con Prefecto, padre del hombre resucitado, el cual era un anciano de esa ciudad. Aristarco llegó a creer en Cristo con toda su alma, por lo cual entregó al

POST TENEBRAS LUX ERAT

apóstol el oro sacado de doce ídolos que él tenía, el cual fue distribuido entre los pobres. Además de esto, se deshizo del resto de su caudal y conservó la fe hasta el final, acabando su vida de una manera que agradaba a Dios.

—Después el apóstol afirmó y confirmó en ellos la fe primitiva original. A Iro, esposo de Marcela, lo ordenó como obispo; y entre los otros designó a presbíteros y diáconos, mandándoles que erigieran una iglesia. Finalmente, con sus enseñanzas les dio fortaleza, antes de partir a anunciar a Cristo en otras tierras.

—Después de fundar la iglesia en Hierápolis de Siria y de afirmarles en la fe a los recién iluminados San Felipe partió a otros lugares, pasando por otras regiones de Siria y de las regiones montañosas de Asia. En Lidia y Misia, cuando atravesaba estas tierras, convirtió a Dios a los paganos incrédulos. Allí se juntó con San apóstol Bartolomé, quien por ese tiempo predicaba en las ciudades vecinas y fue enviado por Dios para ayudar a Felipe. —A Felipe también se le unió su hermana Mariana (conmemorada por la Iglesia el 17 de febrero), y todos ellos comenzaron a trabajar juntos por la salvación de la raza humana. Durante su paso por Lidia y Misia proclamando las buenas nuevas de la palabra de Dios, ellos tuvieron que soportar muchas aflicciones, azotamientos y tribulaciones a manos de los incrédulos. Fueron encarcelados, apedreados y flagelados; pero a pesar de todas estas persecuciones, por la gracia de Dios, ellos siguieron viviendo para cumplir con su tarea señalada de difundir la fe de Cristo.

—Es una de las aldeas de Lidia ellos se encontraron con San Juan el Teólogo, el querido discípulo de Cristo, y con él partieron a la tierra de Frigia. Allí visitaron una ciudad también conocida como Hierápolis, donde predicaron a Cristo. Esta ciudad albergaba a numerosos ídolos, a los cuales toda la gente adoraba; además de estos dioses, ellos tenían una víbora para lo cual le habían construido un templo especial. Le llevaban comida y le ofrecían muchos y variados sacrificios. Pero esta gente necia adoraba también a otras víboras y serpientes.

—San Felipe y su hermana primeramente se protegieron con oraciones; San Juan el Teólogo, que los acompañaba en ese momento también los ayudó. Juntos, lograron matar a la víbora mediante la oración, como si ésta fuera una lanza, dándole muerte a través del poder de Cristo. Después de esto, San Juan tomó su propio camino, dejando a ellos Hierápolis como terreno para sus actividades misioneras, en tanto que él se fue a otras ciudades, difundiendo por todo lado San evangelio. —San Felipe se quedó en dicha ciudad junto con San Bartolomé y Mariamna, tratando con tesón de destruir la oscuridad de la idolatría, a fin que la luz del conocimiento de la verdad brillara en aquellos que se fueron por el mal camino; para lo cual trabajaron día y noche, enseñando a los incrédulos sobre la palabra de Dios, educando a los ignorantes y haciendo volver a los descarriados por el recto sendero.

—El apóstol les enseñó quién era el verdadero Dios, único autor de la creación y el universo, de todas las cosas visibles e invisibles, y de cómo éste había modelado al hombre. Además, les explicó la condescendencia divina de Dios al convertirse en hombre, su salvadora crucifixión, resurrección y ascensión. También les contó que el Hijo y Verbo de Dios, nuestro Señor Jesucristo, vendría de nuevo y resucitaría a la raza humana y recompensaría a cada cual según sus obras. Todos aquellos que se bautizaron en nombre de Dios y guardaron sus mandamientos, heredarán la dicha eterna. Pero aquellos que hubiesen desobedecido su ley, serán condenados al tormento eterno. Con estas y otras palabras de salvación, el apóstol catequizó a la gente. Bautizó a todos aquellos que, según como él se percatara, hubieran aceptado sus palabras de fe en su corazón. y luego ordenó para ellos obispos y presbíteros.

—En aquella ciudad vivía un hombre llamado Estaquio, quien era ciego desde hacía cuarenta años. Mediante el poder de la oración, los santos apóstoles dieron luz a sus ojos corporales, en tanto que con la predicación sobre Cristo iluminaron también su ceguera espiritual. Después de bautizar a Estaquio, los santos se quedaron en casa de éste. Al difundirse el hecho que el ciego Estaquio hubiese recuperado la visión, numerosas personas comenzaron a juntarse en su casa. —Los santos apóstoles enseñaron a todos a creer en Cristo Jesús. Muchos enfermos habían sido llevados donde ellos, y éstos los sanaron mediante la oración y expulsaron demonios, de modo que un gran número de personas llegaron a creer en Cristo y se bautizaron.

—La mujer de Nicanor, el alcalde de la ciudad, fue mordida por una serpiente y yacía enferma a punto de morir. Al enterarse ella de los santos apóstoles que estaban en casa de Estaquio, y de que con su sola palabra estos sanaban toda clase de enfermedades, ordenó a sus esclavos que la llevaran donde ellos mientras su marido se encontraba ausente. Una vez allí, ella se sanó milagrosamente: en su cuerpo, de la mordida de la serpiente; y en su espíritu, del engaño de los demonios; y luego de ser instruida por los santos apóstoles, llegó a creer en Cristo. Cuando el alcalde regresó a casa, sus esclavos le informaron que su mujer había llegado a creer en Cristo debido a unos extranjeros que estaban viviendo en casa de Estaquio. —Enfurecido, Nicanor ordenó arrestar inmediatamente a los apóstoles e incendiar la casa de Estaquio, todo lo cual fue realizado con prontitud. Después de reunirse una gran multitud, los santos apóstoles Felipe y Bartolomé y la santa doncella Mariamna fueron arrastrados por las calles de la ciudad, golpeados y humillados y finalmente encarcelados.

—Después el alcalde tomó su sitio en el tribunal para juzgar a los predicadores de Cristo; hizo llamar a todos los sacerdotes paganos y los sacerdotes de la víbora muerta y les dejó que presentaran sus quejas contra los apóstoles. —Estos señalaron: —Señor, venga ver el deshonor mostrado a nuestros dioses; porque desde que estos extranjeros se han aparecido en nuestra ciudad, se han vaciado los altares de nuestros grandes dioses y a la gente ya no le importa ofrecerles sacrificios. Nuestra renombrada diosa víbora ha muerto y la ciudad entera se ha llenado de iniquidad. Por eso... — ¡Da Muerte a estos hechiceros!—

—Entonces el alcalde mandó a quitar las vestiduras de San Felipe, pensando que los encantos mágicos pudieran ocultarse dentro; pero no encontró nada. Tampoco se encontró nada debajo de las vestiduras de San Bartolomé. Sin embargo, cuando se acercaron a Mariamna, con la intención de sacarle su vestimenta y desnudar su virginal cuerpo, repentinamente ella se transformó ante ellos en una ardiente llama, por lo que los impíos huyeron de miedo. El alcalde condenó a los santos apóstoles a ser crucificados.

POST TENEBRAS LUX ERAT

—El primero en sufrir fue San Felipe. —Después de perforarle hoyos entre los huesos del tobillo y de pasar por ahí cuerdas, lo crucificaron sobre una cruz con la cabeza hacia abajo, frente a los portales del templo de la víbora; allí todos le lanzaron piedras. Después crucificaron a San Bartolomé en la pared del templo. —Repentinamente se produjo un gran terremoto y la tierra se abrió, tragándose al alcalde junto con todos los sacerdotes paganos y una gran cantidad de impíos. — Todos los que quedaron vivos, tanto creyentes como paganos, sintieron un gran temor y, lamentándose, suplicaron a los santos apóstoles que se apiadaran de ellos y también rogaron a su Único y Verdadero Dios, sino la tierra se los tragaría a ellos también.

—Apresuradamente corrieron a bajar de la cruz a los apóstoles. San Bartolomé estaba suspendido a sólo una corta distancia de la tierra, por lo que pudieron sacarlo con poca dificultad. Pero no pudieron bajar rápidamente a Felipe; porque éste estaba colgado arriba, debido especialmente a la particular voluntad de Dios deseando que su Apóstol, mediante tales sufrimientos y su muerte en la cruz pudiera pasar de la tierra al cielo, a donde se habían dirigido sus pasos a lo largo de toda su vida. Colgado de esta manera, San Felipe oró a Dios por sus enemigos, a fin que el Señor los perdonara de sus pecados e iluminara su mente con la comprensión de la verdad.

—El Señor escuchó esta súplica e inmediatamente ordenó a la tierra que vomitara vivos a las víctimas que se había tragado, con excepción del alcalde y los sacerdotes de la víbora. Después todos se confesaron y glorificaron en voz alta el poder de Cristo, expresando su deseo de ser bautizados. Pero cuando fueron a bajar a Felipe de la cruz, se dieron cuenta que éste ya había entregado su santa alma en las manos de Dios, por lo que lo sacaron ya muerto. —La santa Mariamna, su hermana, que había presenciado en todo momento el sufrimiento y la muerte de su hermano San Felipe, abrazó y besó con amor su santo cuerpo cuando éste fue sacado de la cruz, y se alegro que Felipe hubiese sido honrado con el sufrimiento por Cristo. — El apóstol Felipe descansó en el martirio en el año 71 d.C.

—San Bartolomé bautizó a todos que llegaron a creer en Cristo, y designó a Estaquio como su obispo. La gente recién convertida enterró después con honor el cuerpo dSan apóstol Felipe. En el lugar donde se derramó la sangre dSan apóstol creció en tres días una vid, como señal que San Felipe, debido a que derramó su sangre por el nombre de Cristo, disfrutaba de la santidad eterna junto a su Señor en Su Reino. — Sucedió esta preciosa muerte el 1 de mayo del año 94 según Baronio, o hacia el año 90, en opinión de los que dan a San Felipe ochenta y siete años.

—Luego del entierro de San Felipe, San Bartolomé y la bendita virgen Mariamna se quedaron en Hierápolis durante un breve tiempo y, después de establecer la recién fundada iglesia en la fe de Cristo, se fueron a la ciudad de Albano, en Armenia Mayor, donde sería crucificado San Bartolomé. Santa Mariamna viajó a Licaonia, en donde descansaría en paz después de convertir a muchos a la santa fe.

—Por el año 560, las reliquias del apóstol Felipe fueron trasladados a Roma, en donde ahora descansan en la iglesia de los doce apóstoles. Uno de los brazos del Santo fue conservado en Constantinopla, en la iglesia de la Deípara Pammacaristos.

POST TENEBRAS LUX ERAT

POST TENEBRAS LUX ERAT

San Santiago Hermano del Señor

—Santiago, hermano del Señor y Apóstol divino, fue el primer obispo de Jerusalén. Provenía de Judea y fue hijo de San José el Desposado. No había nadie tan fervoroso de piedad y dulce en virtudes como Santiago el Justo, el cual vivió de acuerdo a su apelativo en forma plena y merecidamente fue llamado hermano de Cristo. Como se ha dicho, él fue uno de los hijos de José con su primera esposa, Salomé. Siendo anciano y viudo, José fue desposado a la Virgen María, qué era virgen antes y después del nacimiento de Su Hijo. Santiago, que era Santo desde su nacimiento, se llamó primero Joblián, que en lengua hebrea significa —justo, — porque incluso de niño mostró tener control sobre todos sus sentidos y miembros, lo cual era realmente extraordinario.

—Sus ojos se dirigían sólo a cosas buenas y le fue concedida la misericordia Divina. Sus oídos se abrían a las lecturas salvadoras del alma y su boca se regocijaba con la ley. Su mano derecha siempre estaba dispuesta para dar una limosna y sentía simpatía por todos. Controlaba su apetito y no usaba nada superfluo o innecesario. En toda su vida no consumió nada viviente, o sea, carne, pescado o crustáceos. Nunca bebió vino, sólo agua para aplacar su sed. Subsistía con pan y lágrimas. Por sus postraciones, sus rodillas estaban desgarradas hasta los huesos y su apariencia corporal revelaba un extremo escepticismo. Usaba una camisa de crin, pero se ponía una túnica de lino cuando entraba al Santuario. Oraba y trabajaba incansablemente. Era querido tanto por parientes como por amigos, y los extranjeros y los que venían de lejos lo veneraban por sus virtudes. Entre éstos no solamente había devotos, sino paganos inclusive, quienes le tenían gran estimación.

—Santiago, el justo, fue el primer escogido por nuestro Salvador y los Apóstoles para el episcopado de la Iglesia de Jerusalén. Estaba adornado con todas las virtudes, pero tenía dos de ellas en especial: era capaz de guiar a los hombres hacia la perfección tanto en la teoría como en la práctica. Era tanto humilde como moderado. Su nombre lo decía: —Santiago, siervo de Dios y el Señor Jesucristo. — De su propia experiencia personal comprendió la paciencia que deriva de las aflicciones y alentaba a los demás con estas palabras: —*Hermanos míos, tened por sumo gozo cuando cayereis en diversas pruebas... Bienaventurado es el varón que sufre la tentación; porque cuando fuera probado, recibirá la corona de vida*— (St. 12:2, 12).

—Corregía a aquellos que decían que el pecado es natural, declarando así que Dios es autor del mal. Como un médico sobresaliente, curaba a estos insensatos con estas palabras: —*Cuando alguno es tentado, no diga que es tentado de parte de Dios; porque Dios no puede ser tentado por el mal, ni él tienta a nadie; si no que cada uno es tentado, cuando de su propia concupiscencia es atraído y seducido*— (St. 1:13-14). Les enseñaba que Dios no era la causa de las enfermedades del hombre y les prevenía que reconocieran su propia indolencia y debilidad, fueran humildes y pidieran perdón. También decía que sin la gracia Divina, somos incapaces de hacer una sola buena cosa, porque —*toda buena dádiva y todo don perfecto desciende de lo alto, del Padre de las luces*— (St. 1:17). Instaba a todos a dar limosnas a los necesitados, para poder encontrar misericordia del juez a la hora del juicio, y señalaba: —*Porque juicio sin misericordia se hará con aquél que no hiciere misericordia; y la misericordia triunfa sobre el juicio*— (St. 2:13).

—El justo decía también que la fe sola no beneficia a aquellos que no guardan los mandamientos de Dios; porque sin obras, éstos son considerados muertos, igual como si el cuerpo estuviese muerto y exánime sin alma. Sobre este punto, señala: — *¿Más quieres saber, hombre vano, que la fe sin obras es muerta?*— (St. 2:20). También enseñaba a los hombres a refrenar las palabras, y a no proferir mentiras, palabrerías, insultos o juicios, pero muy especialmente a apartarse del falso testimonio, el cual es muy dañino para el alma. En realidad, no solamente debe proferirse esta clase de perjurios, sino tampoco siquiera enjuiciamientos verdaderos. —Los hombres no deben jurar por el cielo ni por la tierra ni por ninguna cosa creada. Estas y muchas otras dulces enseñanzas salían de boca del Apóstol Santiago, jerarca y hermano de nuestro Señor, las que se encuentran en su epístola.

—Todos los Apóstoles veneraban a Santiago y consideraban su palabra como ley. Su opinión prevaleció en varias situaciones en los Hechos de los Apóstoles, como en el asunto de si era o no necesario circuncidar a los gentiles. Cuando los Apóstoles y ancianos se reunieron para discutir sobre este asunto, Santiago les respondió, una vez que hubieron hablado Pedro, Pablo y Bernabé, diciendo: —*Por lo cual yo juzgo, que los que de los gentiles se convierten a Dios, no han de ser inquietados; sino escribirles que se aparten de las contaminaciones de los ídolos, de fornicación, de ahogado y de sangre*— (Hechos 15:19-20). Su voz y su voto tenían validez, porque los Apóstoles lo veneraban por encima de todos. Para demostrar aún más su preeminencia entre ellos, San Pablo fue con los demás Apóstoles a ver a Santiago, cuando los ancianos estaban presentes, con el fin de declarar las cosas que Dios había obrado entre los gentiles a través de su ministerio; y luego glorificaron a Dios.

—Sólo a Santiago, el Justo, se le permitió ingresar al lugar sagrado y entró solo al santuario. Según Hegesípo, al santuario podían entrar solamente los sacerdotes del linaje de Aarón, aunque se concedieron también privilegios sacerdotales a los nazarenos. A menudo lo encontraron arrodillado, ofreciendo súplicas por el perdón de la gente, especialmente de aquellos que estaban bajo la ley de Moisés; sus rodillas tenían callos como los camellos. El extraordinario Santiago contaba realmente con el alto favor de Dios por la conducta de su vida.

—Sin embargo, unos miembros de una de las sectas herejes de los judíos en una ocasión se atrevieron, por instigación de Ananías, el sumo sacerdote, a rodear a Santiago para pedirle que renunciara a su fe en Cristo. Los enemigos de Cristo le preguntaron: —Dinos, oh Justo, — ¿qué significa la —puerta de Jesús?— él replicó: —Esto es Jesucristo, el Hijo de Dios, de una sola esencia con el Padre. — Por cierto, algunos llegaron a creer únicamente gracias a Santiago y aceptaron sus justas palabras de la verdad. Algunos de diversas sectas estaban en su contra; sin embargo, y lo consideraban engañado; porque ellos no creían en la resurrección ni que todos fueran a recibir una recompensa por sus acciones.

POST TENEBRAS LUX ERAT

—Por eso, se produjo un gran murmullo entre los fariseos y escribas, quienes estaban convencidos de que había el peligro de que todo el mundo creyera en Cristo. Entonces fueron donde Santiago y le dijeron: —Te rogamos, oh Justo, que enseñes a la gente, porque ellos se ha apartado del camino y creen en Jesús diciendo que él es Cristo. Por eso, en la fiesta de Pascua, cuando todos se hayan reunido, convéncelos de que no sean engañados por un simple hombre. Te imploramos, sé bueno para hacer esto, porque todos reconocemos que eres un hombre justo e imparcial. Por eso, te rogamos que asciendas al parapeto del templo, donde la gente te vea fácilmente y escuche tus justas palabras, para que los instruyas. —

—En la fiesta de Pascua, todas las tribus se reunieron, habiendo incluso cristianos allí. Fue entonces que los desvergonzados embusteros, creyendo que Santiago compartía sus creencias, lo hicieron parar sobre el parapeto del templo y para que todos los presentes escucharan, gritaron en voz alta: —Como todos te aceptamos, oh justo, dinos: — ¿Qué opinas tú de Jesús, que fue crucificado por Pilatos y después del cual la gente se ha apartado del camino, pensando que él es Cristo, creyendo incluso que él es Dios? ¡Acláranos esto y proclama la verdad!— Cuando llegó el momento de decir la verdad en contra de los falsos, Santiago no retrocedió de miedo ante la muerte ni negó la verdad, sino que más bien, contrariamente a las expectativas de aquellos, levantó la voz y con un espontáneo espíritu y palabra, replicó:

— ¿Por qué me preguntáis sobre Jesús? —El está sentado en el cielo a la derecha de su Padre con los poderes celestiales, y vendrá nuevamente sobre las nubes del cielo para juzgar al mundo con justicia. — Al testimoniar esto, muchos se convencieron y exclamaron: — ¡Hosanna al Hijo de David!— Pero los obcecados fariseos y escribas se quejaron de que ellos habían permitido a Santiago dirigirse a esta audiencia, porque éste no había dado la respuesta que esperaban. Llenos de cólera, se dirigieron a la multitud diciendo: — ¡Hasta el justo se ha apartado del camino... Después subieron al parapeto y lo agarraron como bestias salvajes, arrojándolo hasta el suelo; pero el bendito no expiró. Entonces comenzaron a apedrearlo; éste recibió las piedras con tranquilidad, como si fuera un precioso tesoro, se arrodilló y oró: —Señor Dios y Padre, perdónalos, porque no saben lo que hacen. —

— ¡Oh alma bendita! — ¡Oh maravillosa humildad! —Estas fueron las auténticas palabras pronunciadas tanto por el Maestro en la cruz como por el largamente sufrido protomártir Esteban. — Así también oró Santiago, el puro hermano del Señor, por sus despiadados asesinos. a pesar que algunos lograron oírle rezar por ellos, los ingratos no tuvieron respeto por su clemencia y siguieron arrojándole piedras. Uno de los descendientes de Recab, el hijo de Racabim, de la casta sacerdotal, exclamó: — ¡Basta! Malvados, ¿qué estáis haciendo?— ¡El justo está rezando por nosotros, injustos como somos y que lo apedreamos!— Entonces uno de los atacantes tomó un garrote de batán, que se usa para golpear sobre tela, y golpeó a Santiago fuertemente sobre la cabeza, a lo cual el justo entregó su espíritu. Lo enterraron cerca del santuario. A su muerte, como obispo fue designado Simeón, el hijo de su tío Cleopas, porque éste era primo del Señor y debido a un deseo unánime de que debía ser el próximo.

POST TENEBRAS LUX ERAT

—Había algunos judíos compasivos y justos que secretamente enviaron una carta sobre esta impía muerte al tetrarca Agripa, que era sucesor de Herodes. En la carta, ellos pedían que ordenara a Ananías que nunca más convocara a concilio sin la autorización de ellos. El rey Agripa había nombrado a éste como sumo sacerdote, pero no estuvo en el puesto más de tres meses, cuando fue reemplazado por otro, Jeshua ben Dammeo. —Después del descanso de Santiago, muchos judíos consideraron que las calamidades que sobrevinieron a ellos fueron la retribución por la vil muerte de ese justo hombre; porque en el año 67 d.C. Vespasiano tomó por asalto Jerusalén. De esta forma se concluye esta narración, porque Josefo registró los hechos posteriores en sus escritos.

San Santiago, Hijo de Alfeo

Es uno de los doce apóstoles de Jesús (s. I). Aparece como uno de los cuatro Santiagos nombrados a lo largo del *Nuevo Testamento* como apóstoles y discípulos de Cristo: Santiago *Zebedeo*, Santiago *Alfeo*, Santiago *el Menor* y Santiago "el hermano del Señor", este último citado así por una posible relación familiar con Jesús y conocido también como Santiago *el Justo*.

El San Apóstol Santiago hijo de Alfeo y hermano del Apóstol y evangelista Mateo, quien anteriormente era publicano. Cuando nuestro Señor Jesucristo, durante su permanencia física en la tierra, escogió a hombres sencillos y piadosos para la dignidad del apostolado, a fin de enviarlos a predicar el Evangelio por el mundo entero, también escogió a Santiago y lo incluyó en el coro de los Apóstoles como digno de ello. Santiago se convirtió en uno de los doce Apóstoles, testigo y ministro de Cristo, predicador de sus misterios y su seguidor.

—Luego de recibir junto con los demás Apóstoles el Espíritu Santo, que descendió sobre ellos en forma de lenguas de fuego, fue donde los gentiles a predicar a Cristo y guiar a los descarriados en el camino de salvación. Inflamado por la llama del celo divino, destruyó quemando las espinas de la impiedad, destrozó en pedazos los ídolos, derribó sus templos, sanó diversas enfermedades, expulso de la gente espíritus malignos y convirtió a una gran cantidad de personas a Cristo, haciendo renacer nuevos hombres, sembró en ellos, la —Divina Semilla. — Porque sembró — la semilla de la Palabra de Dios en el corazón de los hombres, plantó la fe y cultivó la piedad, por cuya causa fue llamado —Divina Semilla. —

—En las muchas tierras que visito, sembró la semilla del cielo, juntó la cosecha de salvación de los hombres y el apóstol culmino su tarea terrenal siguiendo los pasos de Cristo; emulando los sufrimientos de Cristo, entregó su espíritu en manos de Dios al ser clavado en una cruz en Egipto.

—Después esta —Semilla Divina, — del Apóstol, fue reunida en el granero celestial con los frutos que él produjo cien veces. Allí, regocijándose al presenciar el semblante de Dios, él intercede por nosotros con sus súplicas, para que nosotros también podamos ganar dicho regocijo.

Todos los apóstoles fueron enviados a ser misioneros en alguna parte. Pero dado que la iglesia a menudo ha asumido que Santiago, hijo de Alfeo, Santiago el menor, y Santiago, hermano de Jesús, eran todos la misma persona, Santiago James, hijo de Alfeo, se convierte en un personaje un poco confuso.

Si él es el hermano de Jesús, entonces fue "enviado" a Jerusalén, donde dirigió la iglesia. Pero el cronista ortodoxo Nikephoros sugiere que Santiago, hijo de Alfeo, murio en Egipto, en la antigua ciudad de Ostrakine. No hay forma de estar seguro de a dónde fue. Hipólito, un teólogo que vivió en los siglos segundo y tercero, supuestamente registró la muerte de Santiago "Y Santiago, el hijo de Alfeo, cuando predicaba en Jerusalén fue apedreado hasta la muerte por los judíos, y fue enterrado allí. al lado del templo"

Uno de los apóstoles más oscuros. Realmente no hay mucho que podamos decir sobre Sabtiago, hijo de Alfeo, sin asumir que él también era el hermano de Jesús. Pero la Biblia no nos dice que lo era. No nos dice nada sobre él como individuo. Lo que sí sabemos es esto: como uno de los Doce, Santiago, hijo de Alfeo, ciertamente desempeñó un papel importante en la iglesia primitiva, y probablemente jugó un papel clave en la difusión del evangelio en algún lugar de la antigua Eurasia. O África

Por la confusión existente sobre su persona entonces es difícil conocer la ubicación de sus reliquias u osamenta, los lugares asociados con su reliquias son la Iglesia de los doce apóstoles en Roma, la catedral de San Nicolás en Bari, La catedral de San Marcos en Venecia, los Monasterios de Esphigmenou y Panteleimon del santo monte Athos,

Sin embargo, la catedral Compostela en España dice poseer Uno de los mayores tesoros de la catedral compostelana es el relicario que guarda la supuesta 'cabeza' de Santiago *Alfeo*, llegada a Compostela, tras un largo y complejo periplo por la península, en el siglo XII, en tiempos del obispo Diego Gelmírez. Se identificó esta reliquia en un primer momento como perteneciente a Santiago *el Mayor*, ya que así lo había hecho notar el obispo portugués que la había traído desde Jerusalén.

Sin embargo, hacia el final de la Edad Media fue atribuida a Santiago *Alfeo*, para no interferir con la versión compostelana de la traslación del cuerpo íntegro del hijo del Zebedeo a Galicia, tras su muerte. Además, permitía contar en la catedral con una segunda reliquia de un apóstol de Cristo, un patrimonio sólo comparable con Roma, con los cuerpos de San Pedro y San Pablo.

La Iglesia compostelana, en línea con la posición dominante entre los católicos, acostumbra a referirse a esta reliquia como perteneciente a un único Santiago, al que cita indistintamente como Santiago *Alfeo* o Santiago *el Menor*, otorgándole, además, el relevante papel en el cristianismo inicial que desde antiguo se ha atribuido al hermano del Señor.

Durante el reinado de del emperador Justino (565-578), fue construida una iglesia en Jerusalén en honor de Santiago, y allí fueron trasladadas las reliquias del mismo con las de los santos inocentes, Simeón y Zacarías. Hacia el año 560, las reliquias fueron llevadas a Roma y colocadas en la iglesia de los Doce Apóstoles, cuya dedicación se celebraba el 1 de mayo. Desde entonces, en la iglesia latina, se celebró la fiesta de Santiago el Menor, junto con la de san Felipe apóstol, el primero de mayo. Acerca de sus reliquias en la historia posterior, poco se sabe con certeza, excepto que años más tarde su cabeza era venerada en la catedral de Ancona. La institución de la fiesta de san José obrero, fijada el 1 de mayo por el papa Pío XII en 1955, hizo que la fiesta de los dos apóstoles fuera trasladada al 3 de mayo. Santiago el Menor es considerado patrono de los sombrereros.

POST TENEBRAS LUX ERAT

Apóstol Santiago el Hijo de Zebedeo

—El aposto Santiago, el hijo de Zebedeo y hermano del evangelista Juan el Teólogo, fue uno de los doce Apóstoles elegidos por el Señor entre los sencillos pescadores, para que fuera su discípulo. Llamado por Jesucristo, Santiago junto con su hermano, abandonó a su padre, el bote y las redes de pescar, y se unió a Cristo (Mateo 4:21-22), siguiéndolo por todas partes, escuchándole su predicación y viendo los milagros que él obraba. —El Señor llegó a estimar tanto a ambos hermanos que a Juan le permitió reclinarse en su seno (Juan 13:23) y prometió dar de beber a Santiago en el mismo vaso que él había usado (Mateo 20:22-23).

—Los Apóstoles también llegaron a querer tanto a su Señor y le demostraron su lealtad queriendo hacer caer fuego del cielo sobre los incrédulos para destruirlos (Lucas 9:54); lo habrían hecho si no hubiese sido por nuestro misericordioso Señor Jesucristo, quien se los prohibió. —El Señor daba preferencia a estos dos Apóstoles—, Santiago y Juan, así como al Apóstol Pedro, cuando les reveló principalmente Su carácter divino y sus misterios; como cuando sucedió, por ejemplo, en el monte Tabor, cuando el Señor, deseando demostrar la gloria de Su divinidad, llevó a Pedro, Santiago y Juan allí, donde se transfiguró ante ellos (Mateo 17:1 y ss.).

—Después del sufrimiento voluntario y de la resurrección y ascensión de nuestro Señor, y del descenso del Espíritu Santo, San Apóstol Santiago viajó a España y otros países para predicar la palabra de Dios. Posteriormente regresó a Jerusalén, donde se convirtió para los judíos en una amenaza como el trueno (Marcos 3:17), porque con valentía y abiertamente anunciaba a Jesucristo, proclamándolo como el verdadero Mesías, el Salvador del mundo. Santiago se ponía a discutir con los fariseos y los escribas, denunciándolos y reprochándoles por su corazón duro y su descreimiento. — Sintiéndose incapaces de enfrentarse con él, llamaron a cierto hechicero de nombre Hermógenes para que debatiera con él y lo pusiera en vergüenza. Pero el mago se rehusó a hacerlo porque era una persona orgullosa y en su lugar envió a un discípulo suyo, llamado Fileto, diciendo: —No sólo yo mismo, sino que hasta mi discípulo hará que Santiago sea incapaz de ganar en discusiones. —

—Cuando Fileto fue a conversar con San Apóstol, vio que no tenía base para oponer a la sabiduría del Espíritu Santo, con la que se había llenado el Apóstol, y se quedó mudo y no podía ni siquiera abrir la boca para expresarse. Reconociendo la verdad, Fileto se humilló y, cuando regresó donde su maestro, le informó que nada había podido vencer a Santiago, quien hasta le confirmó sus palabras con milagros. Además, Fileto le aconsejó a su maestro que abandonara sus conocimientos de hechicería y se convirtiera en discípulo de Santiago. Pero el orgulloso Herniógenes llamó mediante sus conjuros a los demonios, a quienes les ordenó que retuvieran con ataduras a Fileto en cierto lugar, para que no pudiera moverse de este sitio, y agregó: —Veamos cómo va a librarte tu Santiago. —

—Secretamente Fileto hizo saber al Apóstol que estaba aprisionado por los demonios, por causa de los conjuros de Hermógenes. Al saber esto, el Apóstol le mandó su paño,

POST TENEBRAS LUX ERAT

indicándole que lo tomara y pronunciara las palabras, —El Señor suelta a los encadenados; el Señor levanta a los caídos— (Salmos 145:81). Apenas Fileto dijo estas palabras, cuando inmediatamente quedó libre de las invisibles ataduras porque los demonios, aterrorizados por el paño del Apóstol y por el poder de las palabras pronunciadas, soltaron de sus ataduras a Fileto y huyeron de él. Entonces Fileto, riéndose de Hermógenes, fue donde San Santiago y, luego de aprender de él la sagrada fe, se hizo bautizar.

—No obstante, Hermógenes, lleno de gran ira y cólera, evocó a los demonios que le servían y les ordenó que a Santiago y Fileto los llevaran atados donde él. Pero cuando los demonios se aproximaron a la morada donde estaban San Santiago y Fileto, el ángel del Señor inmediatamente atrapó por orden de Dios a los demonios y, una vez que les puso ataduras invisibles, comenzó a atormentarlos. Entonces los demonios, torturados por el poder de Dios, imploraron para que todos oyeran: —Santiago, Apóstol de Cristo, ten misericordia de nosotros; porque nosotros vinimos a atraparte a ti y a Fileto por órdenes de Hermógenes; y mira, ahora nosotros estamos fuertemente atados y sufrimos crueldad.

— San Santiago les dijo entonces a los demonios: —¡Que el ángel de Dios, que los ató, los suelte de vuestras ataduras, para que vayáis y traigáis donde mí a Hermógenes, sin hacerle daño!— Los demonios inmediatamente se soltaron de sus ataduras, y fueron donde Hermógenes y lo prendieron; atado, lo llevaron ante el Apóstol en un abrir y cerrar de ojos y luego le pidieron a este que les permitiera vengar sus aflicciones en el malvado. El Apóstol les preguntó a los demonios por qué no lo habían atado como Hermógenes se los había ordenado. —Los demonios le contestaron: —Nosotros no podemos tocar ni siquiera a una mosca en tu casa. —

—Entonces el Apóstol le dijo a Fileto: —Nuestro Señor nos ha ordenado hacer el bien por el mal; por eso, suelta a Hermógenes y líbralo de los demonios. — Después el Apóstol le dijo a Hermógenes: —Nuestro Señor no desea tener siervos a la fuerza, sino que desea tener siervos voluntarios, por lo tanto, vete a donde quieras. Pero Hermógenes le contestó: —Apenas salga de tu casa, los demonios me van a matar, porque sé cuán grande es su ira y también sé que me será imposible escapar de ellos si tú no me defiendes. — Entonces el Apóstol le entregó el bastón que había usado en sus viajes. —Hermógenes fue con este bastón a su casa, por lo cual en el camino no sufrió ningún mal a manos de los demonios. —

—Así, reconociendo el poder de Cristo y viendo la impotencia de los demonios, Hermógenes reunió todos sus libros de hechicería, se los llevó al Santo Santiago y, cayendo ante sus pies, le imploró: —Verdadero siervo del verdadero Dios, que libras a las almas de la perdición, ten piedad de mí y acepta a tu enemigo como discípulo.— Luego de aprender de Santiago la sagrada fe, Hermógenes recibió el bautismo, quemó sus libros de hechicería por órdenes del Apóstol y se convirtió en verdadero siervo de Cristo, a tal punto que llegó a realizar milagros mediante el nombre de Jesucristo.

—Los judíos, al ver lo acontecido, se encolerizaron mucho y convencieron al rey Herodes Agripa para que iniciara una persecución contra la Iglesia de Cristo e hiciera matar a Santiago. Entonces —*Herodes echó mano a maltratar a algunos de la Iglesia para maltratarles. Y mató a espada a Santiago, hermano de Juan. Y viendo que esto había agradado a los judíos, procedió a prender también a Pedro*— (Hechos 12:1-3).

—Eusebio, el obispo de Cesárea de Palestina, refiriéndose a Santiago, escribe que cuando fue condenado a muerte por Herodes, cierto hombre llamado Josías, uno de los que calumnió al Apóstol ante Herodes, viendo el valor y osadía de Santiago y reconociendo su inocencia y santidad, así como la verdad de las palabras que decía con respecto a la llegada de Cristo el Mesías, comenzó a creer en Cristo y se convirtió en confesor del Señor. Pero fue inmediatamente condenado a muerte, junto con Santiago. —Cuando ambos se dirigían al lugar de ejecución, encontraron a un paralítico que reposaba a un lado del camino, y San Apóstol lo sanó. Cuando ellos reclinaban su cabeza bajo la espada, Josías suplicó al Santo Santiago para que le perdonara el pecado que había cometido en su descreimiento; es decir, cuando lo había calumniado ante el rey. El Apóstol, abrazándolo y besándolo, le dijo: — ¡La paz sea contigo.— Luego ambos, colocando su cabeza bajo la espada, terminaron su vida juntos. Esto aconteció por la providencia de Dios en el año 44 d.C.

—Después de la decapitación, el cuerpo del Apóstol Santiago fue tomado por sus discípulos y, como Dios lo permitió, fue llevado a España, donde hasta hoy día se producen curaciones y milagros en su tumba, para la gloria de Cristo Dios, quien, con el Padre y el Espíritu Santo, es glorificado por siempre por toda la creación. Amén.

San Juan el Teólogo

—**San** Apóstol y evangelista Juan el Teólogo fue hijo de Zebedeo y Salomé, la hija de José el Prometido (José el Prometido tenía cuatro hijos, Santiago, Josías, Judas y Simeón; y tres hijas, Ester, Marta y la mencionada Salomé. Por lo tanto, el Señor era también tío de Juan.). También Juan se alejó de las redes de pescador para predicar el evangelio cuando nuestro Señor Jesucristo, andando a orillas del mar de Galilea, escogió a sus Apóstoles entre los pescadores. Después de haber llamado a los hermanos Pedro y Andrés, el Señor se fijaron en otros dos hermanos, Santiago y Juan, los hijos de Zebedeo, quienes estaban remendando sus redes en un bote junto a su padre, y entonces los llamó también. Estos abandonaron inmediatamente su bote y a su padre y se fueron tras Jesús.

—En el mismo instante en que fue llamado, el Señor le puso a Juan el nombre de — hijo del Trueno, — debido a que su teología se escucharía como el trueno por todo el mundo y llenaría la tierra entera. Juan siguió al bendito Maestro, aprendiendo la sabiduría que salía de sus labios; y fue muy querido por Cristo, su Señor, por su total falta de falsedad y su pureza inmaculada. Juan fue honrado por el Señor como el más justo de los doce Apóstoles y fue uno de los tres discípulos más vinculados a Cristo, quien le reveló muchas veces sus divinos misterios. —Así, cuando el Señor fue a resucitar a la hija de Jairo, no permitió que nadie lo acompañara, salvo Pedro, Santiago y Juan. Tampoco Juan estuvo ausente cuando el Señor oró en el jardín, porque este dijo a sus discípulos: —*Sentaos aquí, entre tanto que voy allí y oro. Y tomando a Pedro y a los dos hijos de Zebedeo*— (Mateo 26:36-37); o sea, a Santiago y a Juan. Asimismo, cuando él deseó mostrar la gloria de su divinidad en el monte Tabor, llevó también sólo a Pedro, Santiago y Juan.

—Como discípulo querido del Maestro, Juan nunca se separó de Cristo. El gran amor de Cristo se hace evidente en el hecho que Juan descansó su cabeza sobre el pecho de Aquél. Porque en la mística cena, cuando el Señor dijo que iba a ser traicionado y los discípulos se miraban unos a otros con perplejidad, preguntándose de quién hablaba él, Juan puso su cabeza en el pecho de su querido Maestro, como él mismo relata en su evangelio: —*Y uno de sus discípulos, al cual Jesús amaba, estaba recostado al lado de Jesús. A este, pues, Simón Pedro hizo señas para que preguntase quién era aquel de quien hablaba. El entonces, recostado cerca del pecho de Jesús, le dijo: Señor, ¿quién es?*— (Juan 13:23-25).

—El Señor amaba tanto a Juan que sólo éste podía poner sin temor su cabeza en el pecho de Él y preguntarle abiertamente sobre este secreto. Juan también le expresaba un amor reciproco a su amado Maestro, más intenso que el de los demás Apóstoles; porque en el momento del sufrimiento voluntario de Cristo, todos le dieron la espalda, olvidando a su Pastor. Solamente él presenció todos los tormentos de Cristo, sufriendo con el en su corazón, llorando y lamentándose junto a la purísima Virgen María madre del Señor. —Ellos permanecieron al lado del Hijo de Dios que sufrió por nosotros, hasta que murió en la cruz; por tal razón, el Señor lo entregó como hijo a la purísima Virgen María. —*Cuando vio Jesús a Su madre y al discípulo a quien él amaba, que estaba presente, dijo a su madre: Mujer, he ahí tu hijo. Después dijo al discípulo: He ahí tu madre. Y desde aquella hora el discípulo la recibió en si casa*— (Juan 19:26-27). Y él la miró como a su propia madre y le sirvió con mucho respeto.

—Cuando los Apóstoles se dividieron las tierras para predicar, Juan se puso cabizbajo cuando escogió la última tierra, la del Asia Menor, y suspiró tres veces. Con lágrimas, se arrodilló en la tierra y reverenció a todos los Apóstoles. Entonces Pedro lo tomó de la mano y lo levantó, diciéndole: —Todos te tenemos como a un padre y a tu paciente firmeza como nuestro apoyo. ¿Por qué nos has hecho problemas con esta tu acción y has confundido a nuestros corazones?— Juan respondió, llorando y quejándose amargamente: —He pecado hermanos; porque en este momento he visto que graves peligros me esperan en el mar, justo cuando me tocó la parte de Asia. Esto lo recibí con gran abatimiento, no pudiendo recordar a nuestro Señor cuando dijo: —No se destruirá ni un pelo de tu cabeza. — Porque sin el permiso de Dios, no se pierde ni un solo pelo. Os ruego, por lo tanto, queridos hermanos, que rueguen por mí ante el Señor para que me perdone este pecado. — Entonces todos los Apóstoles se pusieron de pie mirando hacia el este y pidieron a Santiago, el hermano del Señor, que hiciera una súplica. Una vez hecho esto, todos se turnaron, de acuerdo a su precedencia, para abrazarse unos a otros y se marcharon en paz; cada cual con su parte de tierra asignada y con un Apóstol de los Setenta como ayudante.

El Apóstol Juan, sin embargo, no partió inmediatamente al Asia Menor, sino que cuidó a la madre de Dios hasta su venerado y glorioso reposo. El día en que su precioso y Santo cuerpo fue llevado por los Apóstoles para enterrarlo, San Juan fue por delante de su féretro con un cetro real que brillaba con luz, el cual había entregado el Arcángel Gabriel a la purísima Virgen cuando le anunció su traslación de la tierra al cielo.

Partida y naufragio

—A mí, Prócoro, me tocó ir tras Juan. Siguiendo la pasión y la resurrección del Señor, Juan se quedó en Jerusalén al lado de la madre de Dios, donde fue un apoyo para los cristianos de allí. Después de la dormición de la madre de Dios, partimos hacia Joppa, en donde nos quedamos en casa de Tabita durante tres días. Allí llegó de Egipto una nave llena de telas y descargó su carga antes de continuar hacia el oeste. De modo que nos embarcamos en Joppa y nos pusimos a la mar, permaneciendo en la bodega del navío. Entonces Juan comenzó a llorar, diciéndome: —Prócoro, hijo mío, grandes tribulaciones y peligros nos esperan en el mar, que afligirán muchísimo mí alma. Sin embargo, siga vivo o sea muerto por este peligro, Dios no se ha revelado ante mí. Pero si tú sobrevives al mar, trata de llegar a la ciudad de Éfeso en el Asia y aguarda allí durante tres meses. Si al cabo de ese tiempo llego a esa ciudad, continuaremos nuestra misión; pero si no lo hago, entonces regresa a Jerusalén, donde Santiago, el hermano del Señor, y haz lo que él te mande.

— En efecto, a la décima hora del día (a las 4:00 de la tarde), se desató una gran tempestad, que continuó hasta las 3 de la madrugada; a consecuencia de esto el barco se hundió y todos sus ocupantes fueron arrojados a las olas del mar, asiéndose

POST TENEBRAS LUX ERAT

estos de cualquier resto de naufragio que podían. A la sexta hora del día (a mediodía) el mar nos echó a todos, que éramos cuarenta y dos almas, a orillas de un lugar que quedaba como a una milla de Seleucia. Sólo faltaba San Juan.

—Todos nos echamos sobre la seca tierra. No podíamos hablar y estábamos tan debilitados por el hambre, el miedo y el esfuerzo, que allí nos quedamos desde la sexta hasta la novena hora (3:00 de la tarde). Poco a poco, recuperamos la conciencia y fuimos a Seleucia. Después del trauma del naufragio, buscamos alimento pidiendo a los del lugar y comimos. Gradualmente nuestro temor se disipó, pero los otros que naufragaron conmigo comenzaron a atacarme, diciendo maldades: —Ese tipo que estaba contigo era un mago y echó un conjuro sobre nosotros para poder apoderarse del cargamento del navío. Ahora que se ha robado todo y ha desaparecido, sabemos lo que ha ocurrido. Y como tú estuviste con él, no te dejaremos salir de esta ciudad, porque te mereces la muerte. — ¡Dinos dónde está ese farsante! Todos los de la nave han sobrevivido, salvo ese tipo. ¿Dónde está él?— Entonces ellos comenzaron a incitar a toda la ciudad en mi contra, contándoles historias.

—Después me arrestaron y me echaron a la cárcel. Al día siguiente, el gobernador de la ciudad me hizo llevar a un lugar público y comenzó a interrogarme severamente: — ¿Quién eres tú? ¿Qué religión tienes? ¿En qué trabajas? ¿Cómo te llamas? Cuéntanos todo antes de castigarte. — Yo respondí en mi defensa: —Yo soy de Judea. Pertenezco a la fe cristiana. Me llamo Prócoro. Yo y mis compañeros de viaje, mis acusadores, hemos naufragado. — el magistrado civil inquirió: — ¿Cómo explicas que todos ustedes alcanzaron tierra, salvo tu compañero? por eso, debe ser como afirman los otros, que tú planeaste para que sólo tú puedas ser encontrado con los marinos, a fin que nadie sospechara, mientras que el otro se pudiera apoderar del dinero y del cargamento. Por lo tanto, eres un criminal, culpable de derramar sangre inocente, y mereces la muerte. En realidad. Quizá por esto que tu compañero ha sido tragado por el mar y la justicia Divina te ha salvado para que pudieras encontrar tu fin en esta ciudad. Por eso, dinos exactamente dónde está tu compañero. —

—Cuando escuché esto, llorando y gimiendo les dije: —Yo soy un cristiano, un discípulo de un Apóstol de Cristo. El Señor ordenó a sus doce Apóstoles recorrer todo el mundo, enseñando y bautizando en el nombre del Padre, de Hijo y del Espíritu Santo. Después que Cristo ascendió a los cielos, todos los Apóstoles se reunieron y escogieron las partes donde cada uno debía predicar por orden de Dios. —Mi maestro, Juan, eligió la parte del Asia Menor y en ese momento se dio cuenta que ello sería tremendamente difícil; y como dudó, también a él le fue revelado que había pecado por haber reaccionado así, y que sería castigado por el mar. Esto me lo dijo con anterioridad y sucedió exactamente como dijo que pasaría. También me dijo que donde yo desembarcara me iría a quedar allí durante algunos días y que si él venía, cumpliría el mandato del Maestro; pero que si no lo hacía después de un cierto lapso de tiempo, yo regresaría a mi tierra natal, Judea. Como pueden ver, mi maestro no es ningún hechicero ni yo tampoco; nosotros somos cristianos. —

—Sucedió que por esos días llegó una autoridad con rango de notario, llamado Seleuco, de la ciudad de Antioquía por asuntos oficiales. El también escuchó mi caso y ordenó al magistrado que me hiciera soltar. Entonces me pusieron en libertad y luego abandoné la ciudad. Caminé durante cuarenta días hasta que llegué a Mareotis, que está a orillas del mar. La posada donde permanecí quedaba cerca a la orilla y allí me quedé lleno de pena y aflicción.

—Después entré el sueño y me quedé dormido; y justo cuando abrí mis ojos, miré hacia el mar y vi que una gran ola rompió en la playa y arrojó afuera a un hombre. Rápidamente me apresuré para asistirlo, teniendo todavía en mi mente fresco el recuerdo de mi propia asoladora experiencia en el mar. Cuando lo levanté de la arena, los dos nos reconocimos y luego nos abrazamos, llorando y agradeciendo al Dios de todo. Después que Juan viniera poco a poco en sí, ambos nos contamos nuestras experiencias. El me habló de los cuarenta días y noches que había pasado en el mar, siendo violentamente sacudido. Yo, por mi parte, le conté lo que había sufrido en manos de los otros náufragos.

Éfeso

—Después de esto, entramos a Mareotis en busca de pan y agua y allí comimos y bebimos. Posteriormente tomamos el camino a Éfeso y una vez allí, nos quedamos en un sitio llamado —el lugar de Artemida. — Cerca de él quedaba la residencia del principal de la ciudad, Dioscoridas. Juan entonces me dijo: —Prócoro, hijo mío, por ahora que no sepan los habitantes de esta ciudad quienes somos o qué hacemos, hasta que Dios se nos revele a nosotros para que podamos proseguir abiertamente.— En eso se nos acercó una corpulenta mujer, quien al parecer era la encargada de los baños. Por su obesidad no tenía descendencia, igual que la mula estéril. Debido a su fuerza, esta mujer estaba acostumbrada a maltratar a sus sirvientes en la casa de baños y los golpeaba con sus manos; por eso, nadie se atrevía a relajarse en sus obligaciones por temor a ella. Se decía de ella que en la guerra solía arrojar piedras sin fallar un solo blanco. Uno podría pensar que por su apariencia física ella tendría que ser sencilla; pero era todo lo contrario. Cambiaba su apariencia con cosméticos y se pintaba las cejas. Tan exagerado era esto que para algunos ella era agradable; pero para el observador de mayor discernimiento uno de sus ojos parecía repugnante y el otro daba la impresión de incitar a la licencia. Esta mujer se llamaba Romana.

—Al salir de la casa de baños, ella observó nuestra apariencia humilde y se acercó a nosotros a donde estábamos sentados, pensando entre tanto dentro de sí: —Estos forasteros necesitan comida. Quizá me puedan ser útiles en la casa de baños y no exigir una buena paga; y por miedo a mí no serán descuidados en su trabajo. — Primero le habló a Juan, diciéndole: — ¿De dónde eres tú?— Juan le respondió: —Soy de un país extraño. — Romana continuó: — ¿De cuál?— y él le respondió: —De Judea. Ella insistió: — ¿Cuál es tu religión?— el Apóstol le replicó: —Mis raíces son del judaísmo, pero yo soy por la gracia un cristiano y he pasado por un naufragio.— Entonces Romana preguntó: — ¿Quieres emplearte para mantener el fuego en el baño público? A cambio, te daré comida y algo para tus necesidades del cuerpo. — Juan le respondió: —Puedo hacerlo. — la mujer entonces se dirigió a mí, preguntándome: — ¿Y tú de dónde eres?— Pero Juan respondió por mí: —El es mi hermano. — Entonces Romana dijo: —Puedo emplearlo también a él. Necesito un ayudante para que lleve agua a los bañistas. — Por lo tanto, ella os daba el alimento diario, como unas dos libras de pan, y el dinero para el resto de nuestras necesidades.

—Luego de cuatro días de trabajo en la casa, Juan, como no tenía experiencia en el trabajo, se quedó quieto pensando al lado del horno, momento en que entró Romana. Cuando ésta vio a Juan parado, le dio un golpe tan fuerte que él cayó sin sentido a tierra. Ella le gritó: —Fugitivo, desterrado, embustero, inútil. — Si no eres capaz, ¿por qué aceptas el trabajo? Pondré fin a tu engaño. Tú viniste a trabajar para Romana, cuya reputación se escucha en Roma. Tú eres mi sirviente, buscapleitos, y no podrás irte de aquí; porque si lo haces, te buscaré en todo lugar y, cuanto te encuentre, te mataré. Cuando comes y bebes te pones alegre; pero cuando vienes a trabajar te dejas vencer por la pereza. Cambia mejor tus costumbres, malvado, porque tú eres el sirviente de Romana. —

—Cuando se marchó Romana de la casa de baños y se fue a su casa, yo me puse muy desconsolado y preocupado después de escuchar todo y presenciar los golpes que ella le dio, a pesar que no eran muchos días que estábamos en el trabajo. No le revelé mis pensamientos a Juan; sin embargo, por la gracia del Espíritu Santo, él se dio cuenta de mi aflicción y me dijo: —Prócoro, hijo mío, tú sabes del terrible naufragio que nos ocurrió por haber vacilado en mis pensamientos en Jerusalén; y no sólo por esto, sino por otros pecados que cometí sin saber. —Seguramente por esta razón pasé cuarenta días en el mar, hasta que a Dios le agradó que yo fuese arrojado a tierra seca. ¿Y ahora te sientes apenado y pierdes la esperanza por la insignificante tentación de una mujer tonta y por sus indolentes amenazas? Ve a trabajar en lo que te has comprometido y se aplicado; porque nuestro Señor y Creador Jesucristo fue golpeado, abofeteado, flagelado y crucificado por aquellos a quienes el creó. Que esto nos sirva de ejemplo como acicate para tener siempre buena voluntad; porque él nos dijo: —En vuestra paciencia posean vuestra alma. — Al hablarme así Juan, yo me fui para cumplir con la tarea asignada por Romana.

—Al día siguiente, muy temprano por la mañana, Romana vino de nuevo y le dijo a Juan: —Si necesitas más comida, pídemelo y yo te lo daré; —sólo ten cuidado en tu trabajo.— Juan le replicó: —La comida y demás provisiones nos bastan; y prestaré atención a mi trabajo.— Entonces ella le preguntó: —¿Por qué todos te acusan de ser incompetente en tu trabajo?— Juan le respondió: —Al comienzo cometía errores, pero con el paso de sólo un corto tiempo, verás que soy bueno; porque todas las artes son un poco difíciles para los aprendices.— Entonces ella se fue a su casa. Sin embargo, se presentó un malvado demonio con apariencia de Romana y le dijo a Juan: — ¡Otra vez te castigaré, fugitivo, porque mi trabajo lo has puesto de cabeza! ¡No puedo soportarte más! ¡Haz fuego en el horno para echarte allí dentro! ¡No quiero verte más! ¡Parte y aléjate de aquí, detestable conspirador, y llévate contigo a tu instigador! Regresa a tu casa de donde te echaron por tus malas acciones! Entonces el demonio agarró uno de los hierros del horno y con él amenazó a Juan, diciendo: — ¡Te voy a matar, perverso! — ¡Aléjate de aquí! — ¡No te quiero más a mi servicio! — ¡Parte o te golpearé hasta matarte!— Por la gracia del Espíritu Santo, Juan sabía que las palabras y acciones eran del demonio que moraba en esa casa de baños. Por lo tanto, él invocó el nombre del Padre, del Hijo y del Espíritu Santo y expulsó al demonio.

POST TENEBRAS LUX ERAT

—Al día siguiente, Romana vino a la casa de baños y le dijo a Juan: —Se siguen quejando de ti de que no eres cuidadoso en tu trabajo. Lo haces a propósito, porque buscas un pretexto para que te despida. Pero eso no va a suceder, ni ahora ni después; porque después que te castigue, quedarás inútil. A esto Juan no pronunció ni una sola palabra. Ella observaba su paciencia, humildad y comportamiento tranquilo y pensó que se trataba de un campesino falto de educación. Para ponerlo más a prueba, ella le habló con aspereza y con amenazas, diciendo: — ¿No eres mi sirviente, malévolo?— Juan le respondió: —Sí, somos tus sirvientes, yo, Juan el fogonero, y Prócoro, el encargado del agua. —

—Romana tenía un amigo abogado, al cual pidió su opinión legal y le dijo una mentira: —Mis padres al morir me dejaron dos esclavos que, luego de varios años, se escaparon de mi casa. Entonces yo destruí los certificados de compra de ellos. Pero ellos han regresado a mi casa y reconocen ser mis esclavos. —¿Se puede obtener un duplicado de estos papeles de propiedad?— el abogado le contestó: —Si ellos lo admiten ante tres testigos honorables que alguna vez fueron tus esclavos, es posible hacer nuevos papeles. — Mediante el Espíritu Santo, Juan se enteró de toda esta trama y me dijo: —Prócoro, hijo mío, Romana trata de hacer una confirmación de que nosotros somos sus esclavos; por eso ha ido a ver a un abogado para tratar el asunto. Este ha consentido en todo lo que ella le ha dicho. Ahora ella está buscando tres testigos que confirmen que nosotros somos sus esclavos. Pero que no entre tristeza a tu corazón, sino más bien regocijo; porque a través de esto nuestro Señor Jesucristo revelará rápidamente todo a esta mujer, en cuanto a quiénes somos.—

—En ese momento entró Romana a la casa y, tomando a Juan por el brazo, comenzó a darle una andanada de golpes por todos lados, diciéndole: — ¡Perverso sirviente, fugitivo! Cuando tu ama entre, tú debes saludarla y hacerle reverencia. Tal vez estás imaginando que eres una persona libre. Para que sepas, tú eres un esclavo de Romana. — Y de nuevo comenzó a abofetearlo para amedrentarlo, diciéndole: —Tú no eres mi siervo, fugitivo. — y Juan le dijo: —Pero tú dijiste otra cosa, que nosotros somos tus sirvientes. Yo soy Juan, el fogonero, y éste es Prócoro, el encargado del agua. — Romana le preguntó: — ¿De quiénes vosotros sois sirvientes, perversos?— Juan le contestó: —De quién tú quieras que digamos. — Ella le replicó: —Vosotros sois míos. — Juan entonces le dijo: —Por escrito o no, reconocemos que nosotros somos tus sirvientes. — Entonces ella rápidamente dijo: —Esto quiero hacerlo por escrito ante tres testigos. Juan le dijo: —No te demores; permítenos encargarnos del asunto hoy día. — Entonces ella nos llevó al templo de Artemisa y, en presencia de los tres testigos, redactó nuestros papeles de venta. Luego regresó a nuestro trabajo.

Predicación y Milagros de Juan en Éfeso

—Cuando se realizó en Éfeso el festival de la diosa Artemisa, toda la gente hizo una gran celebración y se divirtió, para lo cual debía llevar vestimentas blancas. Juan, por razones particulares, usó unas ropas, que habían sido ennegrecidas por el hollín cuando trabajaba en la casa de baños. Subió hasta un lugar elevado, donde estaba colocada la estatua de la diosa. Esto encolerizó enormemente a los efesios, quienes comenzaron a tirarle piedras a Juan. La gracia de Dios, sin embargo, lo protegió, por lo que nadie logró tocarlo. Las mismas piedras que le arrojaron, llegaron hasta la estatua, dañándola considerablemente por el gran número de golpes.

Entonces, Juan alzó la voz dirigiéndose a la multitud, diciendo: —Hombres de Éfeso, —¿por qué os embriagáis con el engaño de la idolatría? —¿Por qué habéis abandonado al Maestro, al Dios y autor de la creación, que ha creado a todos vosotros y os ha dado un alma con razonamiento, sólo para someteros a la voluntad de los demonios que se regocijan con vuestra destrucción? —Despertad de vuestro sueño y venid a vuestros sentidos; —abandonen la embriagante bebida de los vergonzantes pensamientos; —expulsad la oscuridad de la ignorancia; —abandonad vuestras supersticiones y el engaño de vuestros mitos ancestrales. Venid al conocimiento del verdadero Dios y recibiréis el perdón de vuestros pecados y la vida eterna.

—Para que estéis totalmente seguros que vuestra adoración es vana y sin propósito, mirad a vuestra diosa Artemisa, que ha quedado destrozada por las piedras que vosotros mismos habéis arrojado. Para comprobarlo, devolvedle a ella su estado original o rezad para que me haga un milagro o para que me castigue, a fin que yo pueda ver su poder y creer. — Al ver los efesios que su diosa estaba hecha pedazos y escuchar esto, ellos se enfurecieron todavía más con Juan y otra vez comenzaron a arrojarle piedras. Pero ninguna de ellas le golpeó, sino que ellas se volvieron y golpearon a los que las habían arrojado. En su angustia y frustración, ellos rasgaron las vestiduras del apóstol. Nuevamente la gracia de Cristo protegió a Juan. Observando que sus acciones eran incitadas por los demonios, él les dirigió la palabra, diciendo: —Guardad silencio y permaneced tranquilos, oh hombres de Éfeso, porque no os estáis comportando como personas dotadas de razón. Por el contrario, vuestra conducta es irracional e ignorante y es propia solamente de aquellos inmundos demonios que os han instigado para hacer estas cosas. Aguardad, pues, y venid en sí, para que podáis ver el poder de Dios.

— Elevando sus manos al cielo, Juan comenzó a predicar, diciendo: —Oh Señor Jesucristo, trata a ellos con firmeza pero con misericordia, a fin de mostrarles a los presentes que Tú eres Dios y que no hay nadie más aparte de Ti— Apenas terminó de rezar, se produjo un gran terremoto y sobre la tierra sobrevino un calor infernal, cayendo muertos como doscientos por exceso de miedo. Los demás cayeron a los pies de Juan y le imploraron misericordia; porque el temor y el estremecimiento se había apoderado de ellos, los cuales le dijeron:— Te suplicamos, oh hombre de Dios, resucita a nuestros muertos y creeremos en el Dios que tú anuncias.— Juan elevó sus ojos al cielo y suplicó a Dios, suspirando y llorando; y con una voz que ellos no podían oír, rezó él: —Oh verdadero Dios, que durante siglos estuviste con el Padre; oh Señor Jesucristo, Hijo de Dios, que te apareciste para salvar a los hombres; perdona los pecados de quienes han muerto; resucítalos con Tu todopoderosa mano y abre sus corazones para que reciban la luz de Tu conocimiento; y arma de valor a tu sirviente para anunciar tus palabras sin temor.

— Al terminar de rezar, otra vez sobrevino un tremendo calor de la tierra e inmediatamente todos los muertos se levantaron y luego veneraron a Juan, rogándole que les concediera la divina salvación mediante el sagrado bautismo. Entonces Juan los catequizó con la palabra de Dios y luego bautizó a todos.

POST TENEBRAS LUX ERAT

El Apóstol en Roma

—Por esos días, Domiciano el emperador de Roma, emprendió una implacable persecución de los cristianos, como resultado de lo cual Juan fue muerto delante de él. El prefecto de Asia lo hizo arrestar y lo mandó atado donde el César en Roma, en donde Juan tuvo que soportar golpes por su confesión de Cristo; después fue obligado a beber una copa llena de veneno. No obstante, tal como dicen las palabras del Señor —Cuando ellos beban cualquier cosa venenosa, ésta no les hará daño— (Marco 16:18), el veneno no le hizo ningún daño a él. Después fue echado a una caldera de aceite hirviente, pero él salió indemne. Entonces la gente gritó: — ¡Grande es el Dios de los cristianos!—

—No atreviéndose a seguir torturando a Juan, el César lo consideró inmortal y lo sentenció al exilio en la isla de Patmos, tal como el Señor le había dicho a Juan en un sueño: —Sufrirás mucho y serás exiliado a una isla que mucho te beneficiará.—

Castigo a Patmos

—Los soldados — según relata Prócoro — nos tomaron a ambos, pero a Juan lo ataron fuertemente con hierros y cadenas. Ellos le decían: —Este es el mago y hace terribles cosas. — A mí, me dieron una andanada de golpes por todo lado y me decían cosas para atemorizarme, pero no me pusieron en grilletes. Nos llevaron a la embarcación y partimos. Todos los días nos daban unas ocho onzas de pan, una pequeña taza de vino mal, como de media pinta, y un poco menos de un cuarto de agua caliente, el cual Juan tomaba muy poco y me lo dejaba a mí.

—Ellos no tenían prisa para zarpar directamente a Patmos, sino más bien se demoraron mucho tiempo en un sitio. Al fin, pudimos partir, pero justo cuando estábamos saliendo, los oficiales se sentaron a comer; y como había una gran cantidad de comida y bebida, se pusieron alborozados. Uno de los oficiales jóvenes fue a la parte delantera de la nave para hacer algún deber, pero por descuido se cayó de cabeza al mar. Su padre estaba presente en la embarcación y se afligió profundamente por la pérdida.

—El se habría arrojado al agua si no lo hubieran detenido los demás. Todos los que estaban a bordo estaban apesadumbrados por el hecho. Algunos vinieron hasta donde estábamos nosotros y uno de ellos le dijo a Juan: —Oh hombre, todos nosotros estamos lamentándonos por lo que ha sucedido; pero ¿cómo es que tú no sólo que no te lamentas, sino que estas alegre?— Juan le preguntó: —¿Y qué quieres que yo haga?— él le respondió: —¿Puedes ayudarnos?— Juan entonces preguntó al que mandaba: —¿A qué deidad adoras?— el le contestó: —Apolo, Zeus y Hércules.— Juan preguntó luego al segundo: —¿Y a quién tú reverencias?— el le contestó: —a Esculapio, a Hermes y a Hera.— Juan siguió preguntando a cada uno y todos confesaban su decepción. Entonces el Apóstol del Señor dijo a cada uno de ellos: —

¡Cuántos dioses que vosotros tenéis y, sin embargo, son incapaces de salvar a alguien que se ahoga!— Ellos le respondieron: —Esto es porque nosotros somos pecadores y no les servimos con pureza; por eso los dioses nos castigan.—

—Luego los dejó en su aflicción y me dijo: —Prócoro, hijo mío, levántate y alcánzame tu mano. — Le dijo esto porque estaba atado y no podía levantarse solo. Entonces le extendí mi mano y él se levantó y caminó hasta el borde de la nave, haciendo sonar sus cadenas con el movimiento. Allí suspiró llorando y dijo: —Oh Dios de los siglos, Tú que has creado todo y con tus ademanes controlas toda la creación; oh Tú sólo eres el Todopoderoso y el Rey de todos, Jesucristo, que por nosotros y de acuerdo a tu perdón, nos has permitido caminar sobre las aguas como si en tierra seca. Oh maestro, he sido mandado para suplicarte en nombre del ahogado por quienes esperan recibir abundantemente. Escúchame prontamente.— No había siquiera terminado su oración cuando de pronto surgió del mar una gran cantidad de agua caliente y una ola, que se rompió contra la embarcación, arrojó vivo al joven a los pies de Juan. Al ver esto, todos quedaron absortos y se arrodillaron a los pies de Juan, exclamando: —En verdad que tu Dios es el Dios de los cielos, la tierra y el mar. — Luego comenzaron a honrar a Juan y le quitaron los grilletes.

—Llegando a un lugar llamado Kitikión, la nave ancló allí. Todos desembarcaron, salvo nosotros y los guardias. El sol se estaba poniendo, cuando el timonel observó que había un buen tiempo para zarpar; de modo que cuando los demás regresaron, partimos. Pero a la quinta hora de la noche, se sobrevino en el mar una gran tormenta, poniendo en peligro la nave. Todos comenzaron a gritar, esperando la muerte. Entonces el comandante de los soldados se acercó a Juan, diciéndole: —Hombre de Dios, de una forma maravillosa sacaste a un muerto de las profundidades del mar mediante tu oración; por lo tanto, suplica ahora a tu Dios para que calme la tempestad, porque estamos en peligro de hundirnos. — Juan le respondió: —Ve en paz y que cada uno se siente en su sitio. — Pero como la tempestad se hizo más violenta, Juan se levantó para orar. Entonces, la tormenta se calmó inmediatamente y sobrevino una gran calma.

—Como el agua potable comenzó a escasear, muchos se debilitaron por sed, encontrándose al borde de la muerte. Entonces Juan me pidió que llenara unos recipientes con agua de mar. Después de hacerlo, él dijo: —En el nombre de Jesucristo , tomad y bebed.— Al probar el agua, ellos la encontraron dulce y se la bebieron, refrescándose con ella.

—Después tuvimos que anclar en un lugar llamado Mirón, porque uno de los oficiales tenía disentería, por lo cual estaba cerca de la muerte. Allí permanecimos durante siete días; pero al octavo, los oficiales superiores comenzaron a discutir entre ellos por causa del retraso. Unos decían que no estaba bien demorar el cumplimiento de la orden imperial; otros creían que no era correcto abandonar a uno de sus propios compañeros; algunos incluso querían tomar al enfermo con ellos; pero este lo haría morir seguramente. Al ver Juan esto, me pidió que fuera donde el enfermo y le dijera que Juan, el apóstol de Cristo, le ordenaba a que fuera donde él, estando sano. Yo fui donde el enfermo y le dije esto; éste se levantó inmediatamente sin tener ni un rastro de la enfermedad y fue tras mío hasta donde Juan, quien le dijo: —Di a tus

POST TENEBRAS LUX ERAT

compañeros que debemos partir de este lugar. — El recién sanado, que no había tomado alimento durante siete días y había estado en grave peligro, inmediatamente sugirió con alegría a los demás para salir del lugar.

—Al observar toda la tripulación este milagro, cayeron a los pies de Juan, diciéndole: Escucha la tierra entera está a tu disposición, porque has probado Ser un sirviente del verdadero Dios. — Juan les replicó: —De ninguna manera, hijos míos, no está bien esto; vosotros debéis llevarme a donde os han ordenado, para no ser castigados por el emperador.— Ese mismo día los bautizó a todos después de haberlos catequizado. Luego partimos hacia Patmos, donde a nuestra llegada entramos a una ciudad llamada Flora, ciudad en la cual los oficiales nos entregaron, por orden del emperador, a manos del gobernador; sin embargo ellos no querían dejarnos, sino más bien quedarse con nosotros. Pero Juan les dijo: —Hijos míos, si tenéis cuidado en no alejarse de la gracia que habéis recibido, en ningún sitio os harán daño. — Ellos permanecieron con nosotros durante diez días y siguieron recibiendo instrucción de Juan. Posteriormente él oró y los bendijo, y después los despidió deseándoles que fueran en paz, encomendándolos a las manos de Dios, en quien ellos creían y a quien debían la gloria por la eternidad de los siglos. Amén.

Los Escritos del Apóstol

—Mediante la gracia y el auxilio de nuestro Señor Jesucristo y a través de las palabras de Juan divinamente inspiradas y las grandiosas señales y milagros que obró Dios, casi todos los habitantes de Patmos comenzaron a creer. Por ese tiempo fue asesinado el emperador Domiciano, el mismo que nos había exiliado a Patmos, que era una colonia penal. Después de él, el trono romano fue ocupado por Nerva, quien no impidió la predicación de Cristo ni persiguió a los que creían en éste. Este joven emperador había recibido un favorable informe sobre Juan y, con la anulación de la sentencia de Domiciano por parte del senado, le levantó la sentencia, por lo que el Apóstol quedó libre para ir a donde quisiera. Como vio Juan que casi todos los naturales ya creían en Cristo, decidió regresar a Éfeso. Al enterarse de esto los fieles, se congregaron alrededor nuestro para rogarnos con lágrimas, diciéndole: —Padre, apelamos a tu bondad. — ¡No nos dejes abandonados! — ¡Tú debes quedarte para siempre con tus hijos!— Pero Juan los consoló diciendo: —No hagáis eso, hijos míos. Vuestras lágrimas entristecen de veras mi alma; pero vosotros mostráis falta de preocupación por los demás. Cristo, en quien creéis vosotros, se me ha aparecido y me ha ordenado regresar a Éfeso, a fin de aconsejar y ayudar a los hermanos de allí. —

—Viendo ellos que no podían convencer a Juan con sus palabras, se pusieron a sus pies y le imploraron diciendo: —Oh padre y maestro, como te has decidido dejarnos abandonados, te pedimos que nos des por escrito un recuento sobre la encarnación y la dispensación de Dios, a fin que podamos meditar siempre sobre ello y permanecer firmes e inmutables en la fe. Por si acabo algún hermano pueda ser engañado, por descuido, por Satanás y seguirlo. — Juan les contestó: —Muchas cosas, hijos míos, habéis escuchado de mí en cuanto a la dispensación y las señales obradas por el hijo de Dios, lo cual yo he presenciado. Por lo tanto, hasta que guardéis las palabras del Señor para que él os conceda la vida eterna. — A pesar de todo, los hermanos le suplicaron todavía con mayor fuerza y lágrimas, insistiendo que ellos no se despegarían del suelo hasta que él accediera a su pedido. El Apóstol se conmovió mucho por las lágrimas de ellos y entonces les dijo: —Hijos míos, id a vuestras causas, porque por el mandato del Señor vuestro piadoso os será satisfecho.— Después que él los bendijo, todos regresaron a su hogar.

Luego Juan me llevó a un lugar fuera de la ciudad, como a una milla de distancia, hasta un sitio tranquilo llamado Katapavsis (que quiere decir —cesación—). Allí subimos a un monte alto, en donde nos quedamos durante tres días. Juan se pasó el tiempo ayunando y orando, suplicando a Dios que les diera el evangelio a los fieles hermanos. Al cabo del tercer día me dijo: —Prócoro, hijo mío, ve a la ciudad a traer papel y tinta. — Entonces yo fui allá para cumplir esta orden y luego regresé. Entonces me dijo: —Deja el papel y la tinta, hijo, y regresa a la ciudad, pero vuelve aquí dentro de dos días—. Encontré a Juan parado y rezando. Entonces me dijo: —Toma el papel y la tinta, hijo, y ponte a mi derecha. — Yo hice como él me dijo. De pronto se escuchó un trueno y un relámpago destelló, en tanto que la montaña se estremecía. Sobrecogido de miedo caí al suelo como un muerto. Entonces Juan extendió su mano y me levantó, diciendo: — ¡Siéntate a mi derecha! Después regresó a seguir orando, después de lo cual me dijo: Prócoro hijo mío, lo que escuches de mi boca debes anotarlo en el papel. Estando de pie con su mirada dirigida hacia el cielo, abrió su boca y comenzó a decir: —En el comienzo estuvo el Verbo, y el Verbo estuvo con Dios, y el Verbo era Dios....— y así continuó, él estaba parado; y yo, sentado escribiendo. Nos quedamos dos días en aquel monte donde él estaba parado hablando y yo permanecía sentado escribiendo. Luego de las divinas palabras del Evangelio, él pronunció una oración y después ambos descendimos del monte. Fuimos a casa de Sosipater, en donde nos prepararon la mesa y comimos y descansamos.

—Al día siguiente, Juan le dijo a Sosipater: —Hijo mío, encárgate de encontrar un buen pergamino para poder allí copiar San Evangelio de manera clara. — Sosipater fue a traer hojas de pergamino y Juan me dijo entonces: —Siéntate aquí, hijo mío, y escribe el Evangelio con una buena letra. — Entonces yo me senté y con gran cuidado y atención lo escribí en forma clara. Entre tanto, Juan ordenó a obispos y presbíteros para las iglesias. Una vez que terminé de transcribir el Evangelio, Juan lo llevó a la iglesia y allí, siguiendo su orden, todos los hermanos se congregaron. Después lo leyó y, mediante su gracia, se produjo alegría y felicidad. Después ordenó copiar exactamente el pergamino, de modo que ellos pudieran quedarse con él, y él pudiera llevarse una copia a Éfeso, — (Según Dositeo, él escribió el evangelio 64 años después de la Ascensión del Señor; pero otros señalan que fueron treinta años, y luego dos años después escribió el Apocalipsis. San Pedro de Alejandría señala también que el evangelio escrito por Juan fue guardado en la iglesia de Éfeso, en donde los fieles lo veneraban). —Después celebramos la partición del pan con Divina Liturgia, luego de lo cual la gente se fue. —

—Se sabe también que San Juan escribió el Apocalipsis en la misma isla. La tradición señala que un día, Juan y su discípulo Prócoro salieron de la ciudad para ir a una gruta en el desierto, en donde ambos estuvieron juntos diez días y luego él solo otros diez días. En estos últimos diez días, él no comió nada, sino que solamente oraba a

POST TENEBRAS LUX ERAT

Dios, rogándole que le revelara lo que él debería hacer. De arriba vino Una voz que le decía: — ¡Juan!.. ¡Juan!— él le contestó: — ¿Qué ordenas, Señor?— la voz desde lo alto le dijo: —Espera diez días y recibirás una revelación mucho más grandiosa. —

—Juan se quedó allí diez días más sin tomar alimento. Después sucedió algo maravilloso: los ángeles de Dios descendieron donde él y le contaron muchas cosas inefables. Cuando regresó Prócoro, lo envió de vuelta para traer papel y tinta, y durante dos días le contó a Prócoro las revelaciones que había tenido él, y su discípulo las anotó.

—Los antiguos escritores eclesiásticos como Clemente de Alejandría, Origen, Ireneo y Eusebio, confirman que el apóstol Juan escribió la Revelación. El texto sagrado del libro le fue entregado en lo que ahora se conoce como la Cueva del Apocalipsis. Esta cueva actualmente se encuentra oculta en el interior y debajo de los edificios del monasterio del Apocalipsis. —Este monasterio fue construido en el siglo 17 para albergar a los Patmias, una escuela teológica que fue establecida en esa fecha. Desde ese entonces sus estructuras no han sido alteradas casi nada. —Los edificios se componen de celdas, salas de clase, patios floreados, escaleras y capillas dedicadas a San Nicolás, San Artemio y Santa Ana.

—La gruta misma fue transformada en una pequeña iglesia dedicada a San Juan el Teólogo. Dentro, quedan señales que, según sostiene la antigua tradición, atestiguan la presencia de San Juan. En una esquina hay un lugar donde éste puso su cabeza para descansar; cerca de allí, está el sitio donde apoyó su mano para levantarse del piso de piedra en que dormía; no lejos de allí está el lugar donde esparció el pergamino; y, en la puerta de la cueva, está la triple fisura de la roca por donde él escuchó —una gran voz como de una trompeta. — La cueva es pequeña y está poco iluminada. Asimismo, debe mencionarse también al Bendito Cristodoulos (+1093), quien fundó el monasterio de San Juan el I día en 1088, en donde quería establecer en Patmos —un taller de la virtud.— Sus reliquias yacen enterradas en el monasterio, en donde se realizan maravillosas curaciones. El es conmemorado el 16 de marzo; y la traslación de sus sagradas reliquias, el 21 de octubre).

Regreso a Éfeso

—Al día siguiente, nos despedimos de los fieles abrazando a todos ellos, los que nos acompañaron, llorando y lamentándose mucho, sin querer apartarse de este —sol—, por cuya enseñanza su tierra se había iluminado. Pero una vez que San hubo abordado la nave y dado la paz a todos, nosotros emprendimos nuestro viaje. En la nave, había muchos que viajaban a distintos lugares del Asia Menor. Transcurridos catorce días, desembarcamos a una ciudad distante a tres millas de Éfeso. Al enterarse de esto, los hermanos acudieron a darnos encuentro, lo cual les produjo una alegría indescriptible, y exclamaron: — ¡Bendito es el que viene en el nombre del Señor!— Juan fue recibido con honor en ese lugar y todos no sentamos para descansar. Desde nuestra partida, Dioscoridas había fallecido, así que fue su hijo Domno quien nos llevó a su casa, en donde éste puso la mesa y nosotros disfrutamos de su hospitalidad y descansamos. Fue allí donde nos quedamos, y a donde los hermanos acudían a visitarnos para recibir las enseñanzas de Juan, quien los guió por el sendero de la salvación. Juan no dejó de trabajar, por lo que poco a poco todos llegaron a creer en las palabras de él. —

El Joven encomendado al Obispo

—No se puede omitir lo que señaló Clemente de Alejandría (+217 d.C). sobre Juan. Cuando éste partió a predicar por las ciudades de Asia, conoció a un joven que tenía una inclinación espiritual hacia las buenas acciones, por lo cual San Juan le enseñó y lo bautizó. Como el tenía que partir para anunciar el Evangelio, antes que nada él entregó en confianza al joven al obispo de la ciudad, a fin que este pastor pudiera instruirlo en todas las cosas buenas. El obispo, haciéndose cargo del joven, le enseñó las Escrituras, pero no se preocupó de éste como debía hacerlo; ya que no le daba la clase de educación que se requiere para un joven, sino, por el contrario, lo dejaba a su libre albedrío.

—Pronto el joven comenzó a llevar una vida diferente comenzó a embriagarse con vino y a robar. Finalmente, llegó a compartir su suerte con ladrones, quienes, tentándolo, lo llevaron a los desiertos y montañas y lo hicieron su jefe, cometiendo después robos en los caminos. Al regresar después de un cierto tiempo, Juan fue a la ciudad, y al enterarse quien se había echado a perder el joven y se había vuelto bandido, dijo al obispo: — ¡Devuélveme el tesoro que te he dejado en custodia, creyendo ponerlo en manos dignas de confianza! ¡Devuélveme al joven que te di en confianza para que le enseñaras el temor a Dios!— Llorando, el obispo le respondió: —Ese joven ya no existe: su alma está muerta, pero su cuerpo se ha transformado en un salteador de caminos. — Juan le dijo al obispo: — ¿Es así como guardas el alma de tu hermano?— Dame un caballo y un guía, a fin que yo pueda ir en busca de aquél a quien tú has dejado morir. —

—Al encontrarse Juan con los ladrones, él les pidió que lo condujeran donde su jefe, a lo cual accedieron. El joven, al ver a Juan, se avergonzó y se echó a correr al desierto. Sin atender a su edad, Juan lo siguió gritándole: — ¡Hijo mío, regresa donde tu padre y no te desesperes por haber caído en este estado! ¡Tus pecados los cargaré sobre mí!— ¡Detente y espera!.. —Porque el Señor me ha enviado donde ti. — Deteniéndose en su huida, el joven, se puso a los pies dSan, temblando y profundamente avergonzado, sin atreverse a levantar la mirada hacia el rostro de Juan. Pero éste lo abrazó con un amor paternal y lo besó, y luego lo llevó de vuelta a la ciudad, sintiendo la alegría de haber encontrado a la oveja perdida. Después le enseñó bastante, instruyéndolo en el arrepentimiento, para lo cual el muchacho luchaba con ahínco para agradar a Dios, y así recibió el perdón de los pecados y descansó en paz.

Los últimos años de San Juan

—El Apóstol Juan pasó los últimos años de su vida en un estricto ascetismo Tomaba sólo pan y agua, no se cortaba el pelo y usaba sencillas vestimentas de lino. Debido a

POST TENEBRAS LUX ERAT

su edad, no tenía la fuerza suficiente como para predicar la palabra de Dios ni siquiera en los lugares vecinos de Éfeso. —Por ese tiempo enseñaba sólo a los obispos de la iglesia, a quienes instaba a enseñar incesantemente el Evangelio a la gente y, especialmente, a tener en mente y predicar el primero y principal del Evangelio —el mandamiento del amor. —Cuando el apóstol comenzó a debilitarse, según relata el bendito Jerónimo, sus discípulos solían llevarlo a la iglesia; —pero él ya no podía dar largos sermones. —Después redujo su enseñanza a la incesante repetición de —Hijitos, amaos los unos a los otros. — Un día, —Cuando Sus discípulos le preguntaron por qué repetía esto sin cesar, —Juan les replicó con las siguientes palabras: —Este es el mandato del Señor; y si vosotros lo cumplen, ello bastará. —

Descanso de San Juan el Teólogo

—En nuestra visita a Éfeso, nos quedamos allí nueve años y después pasamos en el exilio en Patmos. Después de transcurrir veintiséis años desde que regresamos de Patmos a Éfeso, Juan salió de la casa de Domno y reunió a siete de sus discípulos —yo y otros seis— y nos dijo: —Tomad las espadas en vuestras manos y seguidme. — Hicimos tal como nos lo ordenó y lo seguimos fuera de la ciudad hasta cierto lugar, en donde nos mandó sentarnos. Luego se apartó un poco de nosotros a un sitio tranquilo y comenzó a orar. Era muy temprano de mañana; el sol todavía no había salido. Después de rezar, nos dijo: —Cavad con vuestras espadas una zanja en forma de cruz, del tamaño que yo tengo. — Así lo hicimos mientras él rezaba. Después de terminar su oración, se echó en la zanja que habíamos cavado y luego me dijo: —Prócoro, hijo mío, tú debes ir a Jerusalén. Allí es donde terminarás tus días. — Luego nos dio instrucciones y nos abrazó, diciendo: —Tomad un poco de tierra madre, y cubridme con ella. — Entonces nosotros lo volvimos a abrazar y, tomando un poco de tierra, lo tapamos sólo hasta las rodillas. Una vez más él nos abrazó, diciendo tomad más tierra y cubridme hasta el cuello. — Luego lo abrazamos de nuevo y, tomando más tierra, lo recubrimos hasta el cuello. Luego nos dijo: —Tomad un velo delgado y colocadlo sobre mi rostro, y abrazadme de nuevo por última vez; porque vosotros ya no me veréis más en esta vida. — Entonces volvimos a abrazarlo llenos de pesar. Mientras él nos despedía en paz, nosotros, lamentándonos amargamente, le abrazamos el cuerpo entero. Justo cuando el sol acababa de salir él entregó su espíritu.

—El editor del presente volumen de los Sinaxaristas, anota que la frase —justo cuando el sol se acababa de salir, él entregó su espíritu, — no está expresada así, sino que fue incorporada al texto de la obra de Máximo de Margounio. Por otra parte queremos hacer mención aquí que, de acuerdo al divino Jerónimo, —el apóstol y evangelista descansó en el tercer año del reinado de Trajano, es decir, el año 101 d.C. Esto es 68 años después de la pasión y resurrección del Señor. —Esto es confirmado por Clemente de Alejandría, Ireneo y muchos otros santos padres de la iglesia. — Se cree que él fue unos seis a ocho años más joven que el Señor, lo cual hace suponer que falleció a los noventa y tres o noventa y cinco años. . —

—Después regresamos a la ciudad, donde nos preguntaron sobre nuestro maestro. Nosotros les explicamos lo que había acabado de suceder, haciéndolo de manera detallada. —Ellos nos pidieron que les mostráramos el lugar, por lo que tuvimos que regresar a la tumba junto con los hermanos, —pero Juan ya no estaba allí. —Sólo estaban sus sandalias. —Fue entonces que recordamos las palabras del Señor al San Pedro: —Si yo dispongo que él me aguarde hasta que yo venga, ¿qué es eso para ti?— Luego todos glorificamos a Dios, Padre, Hijo y Espíritu Santo, a quien sean la gloria, el honor, la adoración, por los siglos de los siglos. Amén. —

—Todos los años, el octavo día de mayo, sale una fragante mirra líquido de su tumba, y a las oraciones al Apóstol, los enfermos se sanan mediante ellas, para el honor de Dios que es glorificado en la trinidad por los siglos de los siglos. Amén. —

POST TENEBRAS LUX ERAT

San Judas Hermano del Señor

—**San** Apóstol Judas fue uno de los doce Apóstoles del Señor, y provenía de la tribu de Judá, de donde descendían David y Salomón. San Judas nació en la ciudad de Nazaret, Galilea; era hijo del justo José, al cual la purísima Virgen María fue desposada. Según la tradición, la madre de Judas fue Salomé, hija de Hagai, hijo de Baraquiá, hermano de San Zacarías, el padre dSan Profeta Juan el Precursor del Señor. Judas fue hermano dSan Apóstol Santiago el Justo, primer jerarca de la Iglesia de Jerusalén. San Apóstol era más conocido como Judas de Santiago, es decir hermano del Apóstol Santiago. Él prefería este sobrenombre en concordancia con su humildad, porque se consideraba indigno de llamarse hermano del Señor según el género humano, ya que él había pecado ante el Señor, primero por su falta de fe y segundo por su falta de amor fraternal.

—San Evangelista Juan el Teólogo atestigua el pecado de Judas por su falta de fe cuando escribe: —*Ni sus hermanos creyeron en Él*— (Juan 7:5). Explicando este pasaje del Evangelio, San Teofilacto interpreta que los hermanos aquí mencionados son los hijos de José. Señala: —Incluso sus hermanos, los hijos de José (entre quienes estaba Judas) no creyeron en él — es decir, en Jesús. —¿De dónde proviene esta incredulidad por Él (Jesús)? por la propia necia voluntad y por envidia de ellos; porque es más común en la gente que envidien a sus propios parientes antes que a extraños.— Así, resulta claro que Judas pecó contra el Señor por su falta de fe.

—Así mismo, Judas mostró también a Cristo su falta de amor fraternal. Cuando José, al regresar de Egipto, comenzó a dividir su tierra entre sus hijos nacidos de su primera esposa, también quiso dar una parte al Señor Jesús, que había nacido en forma sobrenatural y sin mancha de la purísima Virgen María, y que entonces no era más que un niño. Pero tres de los hijos de José no querían que Cristo recibiera una parte, pues había nacido de otra madre; sólo el cuarto hijo, San Santiago, lo aceptó como copropietario de su propia parte, por lo que posteriormente éste fue llamado —*Hermano de Jesucristo.*— Consciente de sus anteriores pecados por su falta de fe y de amor fraternal, Judas no se atrevía a llamarse hermano de Cristo, sino sólo hermano de Santiago, tal como él mismo escribe en su epístola: —*Judas, sirviente de Jesucristo y hermano de Santiago*— (Judas 1:1).

—Aparte de ser llamado este Apóstol Judas de Santiago, Judas tenía también otros títulos. El evangelista Mateo lo llama Lebeo y Tadeo. Estos nombres le fueron dados al Apóstol Judas con razón, porque el nombre Lebeo significa —fervoroso.— En el Apóstol Judas, este título significaría que, después de haber cometido pecados contra Cristo Dios en su incredulidad, posteriormente llegó a creer en Jesús como el verdadero Mesías, y se unió a Él con todo su corazón. El Apóstol Judas también fue llamado Tadeo, que significa —el que rinde alabanza—; porque él glorificó y confesó a Cristo Dios y proclamó el Evangelio a muchos pueblos.

Se sabe muy poco sobre la vida y actividades del Apóstol Judas, aparte del hecho que se casó con una mujer llamada Miriam. Aparte de esto, todo lo que se sabe es que, durante el reinado de Domiciano (81-96 d.C.), dos nietos de Judas, que trabajaban la tierra con sus propias manos, fueron llevados donde el mismo emperador, por calumnias hechas por herejes, debido a que ellos eran descendientes de David y parientes del Señor. Pero cuando el emperador se cercioró él mismo que ellos no significaban ningún peligro político para él, fueron puestos en libertad.

—Al igual que los demás —hermanos— del Señor, el Apóstol Judas emprendió muchas tareas evangélicas, difundiendo el Evangelio de Cristo. Poco después de la ascensión al cielo del Señor Jesucristo, el Apóstol Judas, tal como hicieron todos los demás Apóstoles de Cristo, partió a predicar el Evangelio. El testimonio del historiador eclesiástico Nicéforo, señala: —El divino Judas, que tenía el doble título de Tadeo y Lebeo, hijo de José y hermano del Santiago (que fue arrojado desde el pináculo del templo de Jerusalén), predicó el Evangelio y diseminó la Cristiandad primeramente en Judea, Galilea, Samaria, Idumea y, posteriormente, en Arabia, Siria y Mesopotamia. Finalmente, llegó a la ciudad de Edesa, que pertenecía al rey Abgar, donde el Evangelio había sido predicado ante éste por otro Tadeo, uno de los setenta Apóstoles. Allí, el Apóstol Judas emprendió y concluyó lo que no había sido terminado por el otro Tadeo. —

Existen algunos indicios que hacen presumir que San Apóstol Judas predicó también la Cristiandad en Persia, desde donde escribió su epístola universal en lengua griega. La ocasión o la razón por la que compuso esta epístola fue el hecho que esa gente impía se había ocultado entre la comunidad de creyentes, convirtiendo la gracia de Dios en una oportunidad para pecar de maldad, y bajo el disfraz de libertad religiosa, se permitieron cometer toda clase de abominables acciones. —Esta breve epístola contiene numerosos pensamientos profundos y mucha doctrina edificante. —

—En parte trata de enseñanzas dogmáticas: el misterio de la Santa Trinidad, la encarnación de Jesucristo, la diferencia entre los buenos y malos ángeles, y el terrible juicio que está por llegar; y por otra parte trata sobre enseñanzas morales: la exhortación a evitar la impureza del pecado — la injuria carnal, blasfemia, orgullo, desobediencia, envidia, odio, perfidia y maldad. El Apóstol aconseja a todos permanecer fieles en sus deberes, su fe, oración y amor; nos recomienda preocuparnos por la corrección de los descarriados, de evitar a los herejes, cuya moral espiritualmente dañina describe él claramente, explicando que los herejes perecerán como la gente de Sodoma (Judas 1:7 y siguientes).

—Asimismo, en su epístola, San Apóstol Judas señala que para nuestra salvación no basta convertirse del paganismo al cristianismo, —sino que además de la fe se necesita hacer buenas obras que sean apropiadas para cristianos y dignas de salvación; entonces cita como ejemplo a los ángeles y hombres que fueron castigados por Dios. A los ángeles que no conservaron su dignidad, Dios los ató con las cadenas eternas sumiéndolos en la oscuridad, dejándolos así hasta el terrible juicio (1:16). También Dios destruyó en la soledad a la gente que había traído de Egipto, porque ellos no creían y cayeron en la depravación, no viviendo de acuerdo a la ley de Dios (1:5), Así, en pocas palabras el Apóstol Judas revela grandes verdades en su epístola.

POST TENEBRAS LUX ERAT

—El Apóstol Judas visitó muchas otras tierras, predicando el Evangelio, convirtiendo a los pueblos a la fe cristiana y guiándolos por el camino de salvación. —Al trabajar de esta forma, llegó a las tierras que están en torno al monte Ararat, —en donde convirtió de la idolatría a una gran cantidad de personas hacia el cristianismo. Al hacer esto, el Apóstol despertó malestar entre los sacerdotes paganos contra su persona. Estos lo agarraron y, luego de someterlo a numerosos torturas, lo colgaron en una cruz y luego le atravesaron lanzas. Así terminaron las luchas y la vida del Apóstol Judas, quien partió donde Cristo Dios para recibir de Él una corona de eterna recompensa en los cielos.

POST TENEBRAS LUX ERAT

San Lucas Evangelista

—**San** evangelista Lucas nació en la ciudad Siria de Antioquia. Sus padres no fueron miembros de la raza hebrea, al mismo tiempo el nombre —Lucas— revela en parte que se trata de una forma abreviada del nombre latino —Lucanus. — Asimismo, en un pasaje de su Epístola a los Colosenses, San Apóstol Pablo hace una clara distinción entre Lucas y —*los que son de la circuncisión,* — o sea, los judíos (Col. 4:10-15). en sus propios escritos, sin embargo, Lucas demuestra un profundo conocimiento de la ley de Moisés y de las costumbres del pueblo judío. De aquí podemos concluir que Lucas ya había adoptado la religión judía antes de convertirse a Cristo. Además, en su país natal, que era conocido por su floreciente actividad en las artes y ciencias, Lucas había desarrollado su intelecto con numerosos estudios eruditos. De la Epístola a los Colosenses de San Pablo, deducimos que Lucas estudió medicina (Col. 4:14). La tradición señala también que fue pintor. Indudablemente que recibió una excelente educación en general, por la calidad del griego empleado en sus escritos, el cual es mucho más puro y correcto que el de los otros escritores del Nuevo Testamento.

—Cuando se corrió el rumor de los milagros y enseñanzas de nuestro Señor Jesucristo desde Galilea hasta Siria y toda la región circundante, Lucas viajó de Antioquia a Galilea, donde el Señor había comenzado a sembrar las semillas de su salvadora enseñanza. Estas semillas encontraron un buen terreno en el corazón de Lucas y dieron frutos cien veces más. San Lucas pronto fue considerado como merecedor de un lugar en el grupo de los setenta Apóstoles y, después de recibir las instrucciones de viaje del Señor y el poder para obrar milagros, fue ante la presencia del Señor Jesucristo, predicando la inminencia del reino de Dios y preparando el camino.

—En los días finales de la vida terrenal del Salvador, cuando el Pastor fue abatido y las ovejas de su rebaño se diseminaron, San Lucas permaneció en Jerusalén, lamentándose y llorando por su Señor, que había aceptado voluntariamente el sufrimiento. Con toda probabilidad, Lucas permaneció también —distante— de los demás que conocían a Jesús y miraban al crucificado. Pero pronto su pena se transformó en regocijo, porque el Señor resucitado consoló a Lucas el mismo día de su resurrección, considerándolo digno de ver y conversar con él, tal como el mismo Lucas señala en forma detallada y vívida en su Evangelio (Lc. 24:13-32).

—Apenado por la muerte de su Maestro y dudando que éste resucitara, lo que una mirófora le había informado, Lucas partió de Jerusalén a Emmaus en compañía de Cleopas, otro discípulo del Señor. En el camino a esa ciudad, tuvo el honor de convertirse en el compañero de viaje de él, quien es —el Camino, la Verdad y la Vida. — Ambos discípulos caminaban y conversaban entre sí cuando el mismo Jesús les dio alcance y caminó con ellos. El Señor se les apareció, como relata el evangelista Marcos, —de otra manera (Mc. 16:12), y no de la manera en que ellos lo conocían antes. — Asimismo, por la especial providencia de Dios, —*más los ojos de ellos estaban embargados*— (Lc. 24:16), para que no pudieran reconocer al Señor que se les había aparecido. Ellos suponían que su compañero era uno de los peregrinos que había venido a Jerusalén para la fiesta de la Pascua.

— ¿Qué es lo que van conversando juntos por el camino y estáis tristes?— les preguntó el Señor. — ¿Eres un extranjero en Jerusalén y no sabes las cosas que han acontecido allí en estos días?— preguntó a su vez Cleopas. — ¿Qué cosas?— preguntó de nuevo Jesús. —En relación a Jesús de Nazaret, que fue un profeta, de poderosas acciones y palabras ante Dios y toda la gente; y sobre cómo los sumos sacerdotes y nuestros gobernantes lo han condenado a muerte haciéndolo crucificar. Pero esperamos que sea Él quien haya salvado a Israel; y aparte de todo esto, hoy es el tercer día desde que pasaron estas cosas. Sí, y algunas mujeres también de nuestro grupo nos hizo asombrar, ellas estuvieron temprano en el sepulcro; y cuando no encontraron el cuerpo de Jesús, salieron diciendo que habían visto una visión de ángeles, que decían que él estaba vivo. Algunos que estaban con nosotros fueron al sepulcro y hallaron todo tal como habían dicho las mujeres, pero a Él no lo vieron. —

—Entonces el Señor les dijo: —Oh necios e incrédulos de todo lo que los profetas han dicho. — ¿Acaso Cristo no debe haber sufrido estas cosas y entrar a la gloria?— — Entonces el Señor comenzó a explicarles, comenzando con Moisés, pasajes de todos los profetas que hablaron de Él en las Escrituras. —Así, conversando con el Señor, los discípulos llegaron a Emmaus sin siquiera darse cuenta de ello; y como su conversación les resultaba agradable y su compañero supuestamente iba a un lugar más lejano, le pidieron que se quedara con ellos, diciendo: —Quédate con nosotros; porque se está anocheciendo y el día ya se ha ido. —

—De esta forma el Señor entró al pueblo y se quedó con ellos en una casa. Cuando se reclinó con ellos para cenar, él tomó un pedazo de pan de la mesa y, luego de bendecirlo, lo partió y se los dio. Tan pronto como el Señor hizo esto, sus discípulos lo reconocieron inmediatamente. Con toda probabilidad, el Señor había realizado anteriormente esta acción en presencia de sus discípulos; asimismo, éstos pudieron haberlo reconocido por las heridas de los clavos que habían perforado sus manos. Pero en ese momento el Señor se desapareció ante los ojos de ellos, quienes se dijeron entre sí: — *¿No se consumió nuestro corazón dentro de nosotros, mientras que Él hablaba con nosotros en el camino y nos abrió las Escrituras?*— (Lucas 24:13-35).

—Con el deseo de compartir su alegría con los demás discípulos del Señor, Lucas y Cleopas dejaron inmediatamente la comida y partieron hacia Jerusalén. Allí encontraron a los Apóstoles y los demás discípulos que estaban reunidos en una casa, y naturalmente les anunciaron de inmediato a éstos que Cristo había resucitado y que ellos habían conversado con él. Por su parte, los Apóstoles les confirmaron que el Señor había resucitado realmente y se le había aparecido a Simón. Después Lucas y Cleopas narraron en detalle todo lo sucedido en el camino y cómo habían reconocido a Cristo el Señor cuando partía el pan. Repentinamente, en medio de la conversación se apareció ante los Apóstoles el mismo Señor resucitado, y les concedió la paz y calmó sus turbados corazones. Para convencer a aquellos que pensaban que lo que estaban viendo no era sólo el alma de su maestro muerto, el Señor les mostró las heridas que le habían hecho los clavos en sus manos y pies, comiendo luego un poco de alimento. Después el evangelista Lucas fue nuevamente honrado con escuchar del

Señor una explicación de todo lo dicho por el Señor en las Sagradas Escrituras del Antiguo Testamento, recibiendo el don de comprender las Escrituras (Lc. 24:18-49).

—Después de la Ascensión del Señor, —San Lucas se quedó con los demás Apóstoles en Jerusalén durante un tiempo; pero después se fue, según afirma la tradición, a Antioquia, su ciudad natal, en donde ya había muchos cristianos. En su camino a esta ciudad, pasó por Sebaste, la principal ciudad de Samaria. —Allí proclamó las buenas nuevas de la llegada del Mesías, en donde también encontró las intactas reliquias de San Juan el Bautista. — Cuando llegó el momento de partir de Sebaste, San Lucas quiso llevarse consigo estos restos a su tierra natal, —pero los cristianos del lugar, que honraban fervorosamente al Bautista del Señor, no le permitieron sacar las sagradas reliquias. — Entonces San Lucas sacó sólo el brazo derecho, bajo el cual Cristo había inclinado su cabeza cuando recibió el bautismo de Juan. —Con su invalorable tesoro San Lucas llegó a su tierra natal, —para gran alegría de los cristianos de Antioquía, ciudad que abandonó sólo después que se hizo compañero de viaje y colaborador dSan Apóstol Pablo, quien, en palabras de varios escritores antiguos, era incluso uno de sus parientes. Esto sucedió durante el segundo viaje misionero del Apóstol Pablo. Por ese tiempo, San Lucas y el Apóstol Pablo viajaron a Grecia a predicar el Evangelio; pero el Apóstol dejó al santo evangelista con los gentiles, para establecer y organizar la iglesia en la ciudad Macedonia de Filipos; desde entonces, San Lucas trabajó durante varios años difundiendo el cristianismo en todos aquellos lugares.

—Cuando el Apóstol Pablo visitó nuevamente Filipos, al final de su tercer viaje misionero, Lucas partió a Corinto, por orden de aquél y a instancias de todos los fieles, a fin de recolectar limosnas para los cristianos pobres de Palestina. Una vez que concluyó la tarea encomendada, San Lucas partió con el Apóstol Pablo hacia Palestina, visitando en su camino las iglesias de las islas del archipiélago Egeo, a lo largo de la costa del Asia Menor, en Fenicia y Judea. Cuando el Apóstol Pablo fue encarcelado en la ciudad de Cesárea de Palestina, San Lucas permaneció a su lado, no dejándolo ni siquiera cuando aquél fue enviado a Roma para ser juzgado ante el César. Junto al Apóstol Pablo, soportó todas las dificultades de su viaje por mar, perdiendo casi la vida. (Hechos de los Apóstoles, cap. 27 y 28).

—Al llegar a Roma, San Lucas permaneció siempre al lado del Apóstol; asimismo, junto a Marcos, Aristarco y varios otros compañeros de los Apóstoles, anunció a Cristo en la ciudad principal del mundo antiguo (esto se desprende de la información dada en la Epístola de San Pablo a Filemón). En Roma, San Lucas escribió su Evangelio y el Libro de los Hechos de los Apóstoles. En este Evangelio describe la vida terrenal de nuestro Señor Jesucristo, no sólo en base a lo que él mismo vio o escuchó, sino tomando también en cuenta todo lo que entregaron —*los que desde un comienzo fueron testigos y ministros de la Palabra*— (Lc. 1:2). —San Apóstol Pablo lo guió en su tarea y aprobó posteriormente el Evangelio escrito por San Lucas. El Libro de los Hechos de los Apóstoles fue escrito de la misma manera, según dice la tradición de la Iglesia, por orden del Apóstol Pablo. —

Luego de permanecer dos años encadenado en las mazmorras de Roma, el Apóstol Pablo fue dejado en libertad; éste abandonó Roma y se dedicó a visitar las numerosas iglesias que había fundado antes. En esta ocasión San Lucas también fue su compañero. Sin embargo, poco después el emperador Nerón inició una cruel persecución en contra de los cristianos de Roma, por lo cual Pablo regresó a esta ciudad, a fin de poder alentar, con su predicación y ejemplo, a la Iglesia perseguida, afirmarla y compartir con los fieles, si esto complacía a Dios, la corona del martirio. Pronto fue arrestado por los paganos y encarcelado nuevamente. Tampoco en esta oportunidad se olvidó San Lucas de su maestro; entre todos los colaboradores de los Apóstoles, él permaneció solo a su lado durante ese período de tiempo tan terrible que el Apóstol se comparó a una víctima predestinada a ser sacrificada. —*Ahora estoy listo para ser ofrecido* — *escribía a su discípulo Timoteo* — *y está muy cerca el momento de mi partida. Porque Demas me ha desamparado, amando este siglo; y se ha ido a Tesalónica; Crescente a Galacia, Tito a Dalmacia. Lucas sólo está conmigo*— (II Tim. 4:6, 10-1 l).

—Es bastante probable que Lucas haya sido también testigo del martirio del Apóstol Pablo en Roma. Después del descanso de su maestro, San Lucas difundió el Evangelio de Cristo, según señala la tradición de la Iglesia, en Italia, Dalmacia, Galia y, especialmente, en Macedonia, en donde había trabajado antes durante varios años. También evangelizó Acaya, que limita con Macedonia.

—Cuando tenía una edad bastante avanzada, el Apóstol Lucas emprendió un viaje al lejano Egipto, donde trabajó arduamente y pasó por muchas aflicciones por San nombre de Jesús. Atravesando primero toda Libia, llegó a Egipto, en donde en la Tebaída convirtió a muchos a Cristo. En la ciudad de Alejandría ordenó como obispo a un tal Abilio como sucesor de Annas, quien había sido ordenado por el evangelista Marcos y realizado su ministerio durante veintidós años. —Al regresar a Grecia, estableció nuevamente iglesias allí, principalmente en Beocia, ordenó sacerdotes y diáconos y sanó a enfermos de cuerpo y alma. Al igual que su amigo y consejero, el Apóstol Pablo, —San Lucas peleó la buena batalla, concluyendo su recorrido y manteniendo la fe. —A la edad de ochenta y cuatro años, murió como mártir en Acaya—, crucificado a un olivo en lugar de una cruz. —Su precioso cuerpo fue enterrado en Tebas, la principal ciudad de Beocia, en donde sus sagradas reliquias, que produjeron numerosas curaciones, se irían a encontrar recién en la segunda mitad del siglo IV, —las que posteriormente fueron trasladadas a Constantinopla, capital del Imperio de Oriente.

—El lugar de las reliquias del Apóstol Lucas se conoció en el siglo IV debido a las curaciones que allí se obraban. Gracias a ellas se realizaron numerosas curaciones en los que sufrían de males a los ojos. —El emperador Constantino, hijo del emperador Constantino el Grande, de igual clase que los Apóstoles, al saber por el obispo de Acaya que el cuerpo de San Lucas yacía en Tebas, envió a Artemio, entonces prefecto de Egipto, para que trasladara las reliquias de Lucas a la capital, tarea que Artemio llevó a cabo con gran solemnidad.

—Durante el traslado de las sagradas reliquias de San Lucas de la costa a la iglesia, se produjo un hecho milagroso. Uno de los chambelanes imperiales, y eunuco de nombre Anatolio, sufría de una enfermedad incurable. Este había gastado gran cantidad de dinero en médicos, pero sin lograr resultados; sin embargo, cuando se acercó a las preciosas reliquias del Apóstol Lucas con fe en su milagroso poder, le pidió al Santo que lo sanara. —Se aproximó al venerado relicario Del Santo y ayudó a cargarlo, en la medida de sus posibilidades. —Entonces, el mal lo abandonó antes de dar siquiera algunos pasos. —Al ver esto, regocijado siguió cargando el precioso relicario hasta la iglesia de los Santos Apóstoles, en donde los restos de San Lucas fueron guardados bajo el altar, junto con las reliquias de los Santos Apóstoles Andrés y Timoteo. —Allí, sus restos se convirtieron en una fuente de milagros y fueron venerados con especial afecto por los cristianos.

—Los escritores de la antigua Iglesia señalan que —San Lucas fue el primero en pintar, según el piadoso deseo de los primeros cristianos, —la imagen de la santísima Madre de Dios sosteniendo en sus brazos al Niño pre eterno, —nuestro Señor Jesucristo. —Después pintó también otros dos íconos de la santísima Madre de Dios, —a quien se los llevó para que ésta los aprobara. —Al ver los íconos, ella dijo: — ¡Que la gracia de él, que nació de mí, y mi misericordia estén con estos íconos!—

—También San Lucas pintó en tablas imágenes de los preeminentes Santos Apóstoles Pedro y Pablo, —siendo así el iniciador de la buena obra de la iconografía, para la gloria de Dios, la Deípara y todos los Santos, para la decoración de las santas iglesias y la salvación de los fieles que los veneran con devoción. Amén.

San Marcos Evangelista

—San Marcos, que era judío de nacimiento, perteneció al linaje de la tribu de Leví, la casta sacerdotal, y vivió al comienzo en Jerusalén. En hebreo Marco se llamaba Juan (o sea, Johanan); su nombre más comúnmente utilizado, Marcos, es de origen latino. El agregó este nombre a su nombre hebreo poco antes de partir a un país extraño, cuando fue con el Apóstol Pedro a predicar el Evangelio en Roma en ese entonces la capital del mundo. Según la tradición aceptada por la Iglesia Ortodoxa, que concuerda con el testimonio de numerosos escritores antiguos (Origen, siglo III, San Epifanio de Chipre, siglo IV y otros), él era uno de los setenta discípulos del Señor y, consecuentemente, fue testigo de ciertos hechos en la vida del Señor Jesucristo.

—En la misma narración sobre la traición de nuestro Señor Jesucristo en el Jardín de Getsemaní, el evangelista Marcos menciona a cierto joven que, mientras todos los discípulos del Señor lo abandonaban, siguió solo al divino Maestro, quien estaba envuelto sólo en una manta de lino; cuando los soldados trataron de detenerlo, él se escapó desnudo, dejando la sábana en manos de éstos (Mc. 14:51-52). La vestidura del joven revela que él había salido repentinamente en medio de la noche, al escuchar al gentío, indudablemente de una casa que pertenecía al propietario del jardín. Incluso en la antigüedad existía la tradición que señalaba que este joven no era otro que el mismo Marcos y que el jardín de Getsemaní era de su familia.

—El Libro de los Hechos de los Santos Apóstoles atestigua que la madre del evangelista Marcos, de nombre María, tenía una casa en Jerusalén en donde el Apóstol Pedro encontró refugio después de su milagrosa liberación de la cárcel por el ángel (Hechos 12:1-12). Después que el Señor ascendió a los cielos, durante la persecución de los cristianos, esta casa servía como lugar donde muchos de los conversos a la cristiandad podían adorar, y en donde varios de los Apóstoles encontraron refugio. Así, en la casa de su madre, San Marcos pudo entrar en permanente contacto para conversar con cristianos, participando en sus reuniones de oración; y se relacionó con los mismos Apóstoles. Formó una relación especialmente estrecha con el Apóstol Pedro, quien le mostró un amor y una disposición que eran realmente paternales. Esto resulta aparente de las propias palabras de San Pedro; porque en su epístola a Marcos llama su hijo, diciendo: —la iglesia que está en Babilonia, juntamente elegida con vosotros, os saluda, y Marcos mi hijo— (I Pedro 5:13).

—San Marcos fue sobrino dSans Apóstol Barnabás, que era de ascendencia levítico, aunque nacido en la isla de Chipre. A través de él, san Marcos fue presentado al otro Apóstol preeminente, San Pablo, cuando éste, luego de su maravillosa conversión a la fe cristiana, llegó primero a Jerusalén. Al entablar una estrecha relación con estos dos Apóstoles preeminentes, Pedro y Pablo, San Marcos llegó a ser su más cercano colaborador y cumplía sus órdenes.

—Por el año 44 ó 45 d.C., sobre los cristianos de Jerusalén cayó una pesada aflicción. Debido al crecimiento de la comunidad cristiana en la ciudad santa, la malicia de los judíos, los enemigos de la fe cristiana, aumentó tremendamente. Inflamados por el odio contra los cristianos, los judíos irrumpieron en las casas de éstos y saquearon sin piedad sus pertenencias, a tal grado que los fieles tuvieron que pasar hambre a la fuerza. Al enterarse de la deplorable situación de los cristianos dSan Sión, los fieles de Antioquía acudieron inmediatamente en su ayuda; realizaron una colecta entre ellos y entregaron los fondos reunidos en manos de Pablo y Barnabás, quienes por ese tiempo se encontraban en Antioquía. Encargaron a los Apóstoles distribuir el dinero a los cristianos de Jerusalén. Cuando éstos llegaron allí, Barnabás y Pablo cumplieron la tarea encomendada a ellos por los cristianos de Antioquía; pero al regresar a esta ciudad, llevaron consigo a Marcos. Desde entonces, Marcos se convirtió en el colaborador de Pablo y Barnabás, emprendiendo la gran lucha apostólica de difundir las buenas nuevas de la fe de Cristo a los judíos y gentiles por igual.

—San Marcos participó en el primer viaje misionero de Pablo y Barnabás como su más cercano asistente en la predicación del Evangelio. Al salir de Antioquía hacia la ciudad marítima de Seleucia, tomaron una nave para la isla de Chipre, la cual recorrieron de este a oeste, desde Salamia a Pafos. En esta última ciudad, el procónsul Sergio mandó a llamar a Barnabás y Pablo, con la intención de escuchar de sus labios la palabra de Dios. —Un hechicero judío de nombre Elimás, —cuyo sobrenombre era Barjesús, —trató de disuadir al gobernador de creer en el Señor. Marcos vio con sus propios ojos cómo, tan sólo con su palabra, San Apóstol milagrosamente volvió ciego al hechicero. Posteriormente Marcos se separó de los Apóstoles Pablo y Barnabás en la ciudad de Perga y regresó a Jerusalén, a casa de su madre.

—A su llegada a Jerusalén, Marcos se unió al Apóstol Pedro y pronto salió con éste en un viaje apostólico para predicar el Evangelio en Roma. Por ese tiempo en la capital imperial había ya creyentes cristianos. El Libro de los Hechos de los Apóstoles atestigua que, entre quienes presenciaron con sus propios ojos el cambio extraordinario que se produjo en los Apóstoles después del descenso del Espíritu Santo sobre ellos, y que oyeron el primer sermón del Apóstol Pedro sobre Cristo el Salvador, había judíos y prosélitos gentiles convertidos al judaísmo, que acudieron desde Roma (Hechos 2:10-41).

—A su llegada a Roma, sin duda que esta gente llevó su fe en Cristo y la transmitió a otros. Ciertamente, muchos de los judíos que vivían en la populosa comunidad judía de Roma, iban todos los años en los solemnes días Santos a Jerusalén, ya llenos de las enseñanzas del Evangelio y allí escucharon predicar sobre Cristo; después regresaron a Roma como cristianos. Finalmente, los cristianos de todo el mundo viajaban a Roma por asuntos de gobierno y otros motivos, puesto que era la capital del Imperio, y favorecían el aumento de los que creían en Cristo allí. Con su predicación y sus milagros, el Apóstol Pedro, con ayuda de San Marcos, extendió y afirmó en todo lo posible la Iglesia de Cristo en Roma, convirtiendo a la cristiandad a gran cantidad de gente, tanto judíos como gentiles.

—Al escuchar las santas palabras de la predicación del Evangelio de los labios de los Apóstoles, y estar inflamados con la fe en el Señor Jesucristo, los cristianos de Roma no estaban satisfechos con la predicación oral de los Apóstoles sobre el Redentor, sino que deseaban tener por escrito las enseñanzas que habían escuchado. Entonces

POST TENEBRAS LUX ERAT

se acercaron al compañero del Apóstol Pedro, el san Marcos, y le rogaron sinceramente que escribiera todas las sagradas palabras que él y Pedro habían dicho sobre Cristo el Señor y se les dejara esta Santa Escritura como recuerdo. Marcos se comprometió a cumplir el buen deseo de los cristianos romanos y les escribió su Evangelio, en el cual, narrando los hechos de la vida del Salvador durante su permanencia en la tierra, anotó lo más exactamente que recordaba lo que el Señor había enseñado y hecho, poniendo gran cuidado de no omitir nada de lo que él había escuchado ni de cambiar nada. —Luego mostró al Apóstol Pedro lo que había hecho— para que éste lo revisara, —el cual confirmó que el Evangelio escrito por Marcos era el verdadero, aprobándolo después para ser leído en las iglesias. —Desde entonces, el Evangelio de Marcos fue aceptado sin oposición por todas las Iglesias como escritura de inspiración apostólica y divina. —

—Luego de trabajar en Roma, san Marcos, por orden del Apóstol Pedro, fue a predicar el Evangelio en la ciudad de Aquilea, que está en el extremo norte del mar Adriático. En esta rica ciudad, que era llamada la segunda Roma, Marcos estableció la Iglesia; asimismo, visitó otros lugares a lo largo del mar Adriático, para predicar las buenas nuevas de la Palabra de Dios, fundando iglesias por todas partes. Después, nuevamente a instancias del Apóstol Pedro, San Marcos viajó a Egipto a difundir el Evangelio. Esto ocurrió en el noveno año del reinado del emperador Claudio, aproximadamente año 49 d.C.

—En Egipto, una tierra pagana adyacente a Palestina, vivía una numerosa colonia judía, cuyos orígenes se remontan a los tiempos de Alejandro el Grande y (Ptolomeo). Allí, copiaron sus pueblos, sus sinagogas, su sanedrín e incluso su templo al de Jerusalén, lleno de sacerdotes y levitas según la ley mosaica. En Egipto, por orden del rey Ptolomeo Filadelfo se hizo una traducción de los libros de las Sagradas Escrituras del Antiguo Testamento del hebreo al griego, a través de la cual los paganos tuvieron acceso a la divina revelación de la salvación de la raza humana. Allí también, la notable caída de los ídolos de uno de los templos de Egipto, que según atestiguan los padres de la Iglesia, acompañó la llegada de la purísima Madre de Dios, San José el Desposado y su hijo, San Santiago, con el Divino Infante Jesús, que huía de manos del cruel Herodes, todavía estaba fresca en la memoria de la gente.

—Finalmente, incluso en esa tierra pudo haber testigos del milagroso descenso del Espíritu Santo sobre los Apóstoles, que llevaron hasta allí las semillas de la enseñanza cristiana. Todo esto preparó firmemente el terreno para que los habitantes de Egipto aceptaran la enseñanza de la cristiandad, y diera esperanzas de gran éxito a la labor de San Marcos. En realidad, cuando Marcos, el primero de los Apóstoles en llegar a Egipto, comenzó a predicar el Evangelio, anunciando al pueblo que estaban libres del demonio, una gran cantidad de hombres y mujeres abrazó la fe en Cristo desde el mismo inicio de su obra.

—San evangelista permaneció primero en la ciudad cireniense de Pentápolis, en donde trabajó anunciando las enseñanzas de Cristo y estableciendo la Iglesia cristiana. Allí recibió una orden del Espíritu Santo para que partiera a predicar el Evangelio en Alejandría. Obediente a las órdenes del Espíritu Santo, con todo empeño Marcos partió rápidamente a la nueva arena de sus luchas. A los hermanos les contó sobre el mandato del Señor y, luego de un banquete de despedida con los cristianos, zarpó de Cirenia a Alejandría con la bendición de éstos.

—A Alejandría llegó al segundo día de su viaje y luego de desembarcar partió a cierto lugar llamado Medión. Al acercarse a las puertas de la ciudad su sandalia se partió en dos, lo cual tomó él como un augurio favorable. Luego de buscar en las cercanías a un zapatero para reparar zapatos usados, le entregó su sandalia para que la arreglara. El zapatero, mientras trabajaba con la sandalia, accidentalmente se le introdujo la lesna en la mano; gritando de dolor, invocó el nombre de Dios. Al oír esta exclamación, el Apóstol se regocijó de espíritu, viendo allí un indicio que el Señor estaba tendiéndole un buen camino. La herida de la mano del zapatero era muy dolorosa y la sangre fluía copiosamente.

—Marcos escarbo en la tierra y con ello hizo barro, el cual untó sobre la mano del zapatero, diciendo: — ¡En el nombre de Jesucristo, que por siempre vive, sánate!— Inmediatamente la herida del zapatero se cerró y su mano se sanó. Al darse cuenta del poder del hombre que estaba en frente suyo, del efecto que tenían sus palabras, así como de la pureza y la santidad de su vida, el zapatero le hizo una súplica, diciendo:—Hombre de Dios, te ruego que vengas a mi casa y te quedes conmigo, tu siervo, aunque sea por un día, para que puedas compartir mi comida; porque tú me has mostrado misericordia.— El Apóstol aceptó alegremente su invitación y dijo: — ¡Que el cielo te dé el pan de la vida, el pan del cielo.— Así, el artesano, tomándole de la mano, lo llevó a su casa con gran dicha. Al entrar a la casa, san Marcos dijo: — ¡Que la bendición del Señor llegue a este lugar! ¡Oh hermanos, oremos a Dios!— Todos juntos oraron a Dios, luego de lo cual, cuando estaban sentados a la mesa, el zapatero, iniciando afectuosamente la conversación, preguntó:—Padre, ¿quién eres tú? ¿Y de dónde viene el poder que hay en tus palabras?— San Marcos respondió: — Yo soy el siervo del Señor Jesucristo, el Hijo de Dios. — el hombre le dijo: —Me gustaría ver a este Hijo de Dios. — San Marcos le contestó: — ¡Te lo mostraré!— Entonces comenzó a hablarle sobre el Evangelio de Jesucristo y a explicarle sobre los profetas lo que habían predicho sobre nuestro Señor.

—Al escuchar sus palabras, el hombre dijo: —Nunca he oído hablar de la Escritura que me explicas. Sólo he oído sobre la Iliada, la Odisea y lo que enseñan a los jóvenes egipcios. — Prosiguiendo con su prédica de Cristo, San Marcos le mostró con toda certeza que la sabiduría de este mundo es —necia— ante los ojos de Dios (cf. I Cor. 1:18:22). El zapatero creyó todo lo que le dijo el San Marcos, y luego de ver los milagros que realizó éste, aceptó el bautismo. Junto a él se bautizó toda su familia, así como una gran cantidad de personas de ese lugar. El hombre se llamaba Ananías. Día a día el número de fieles crecía.

—Los gobernantes de la ciudad de Medión, al enterarse que había llegado un extranjero, blasfemando a sus dioses e impidiendo hacer los sacrificios que usualmente se les ofrecía, trataron de matar al san Marcos, para lo cual se reunieron para planear cómo arrestarlo. Al enterarse de su decisión, San Marcos se apresuró a ordenar a Ananías como obispo para los fieles, a tres sacerdotes — Maco, Sabino y Cedrono, a siete diáconos y once clérigos menores para el ministerio de la Iglesia; y luego huyó de la ciudad, regresando a Pentápolis. Allí pasó dos años afirmando la fe

POST TENEBRAS LUX ERAT

de los hermanos de ese lugar y ordenando obispos, sacerdotes y clérigos para las regiones y ciudades circundantes antes de retornar a Alejandría. En este lugar encontró que los hermanos habían crecido en número y se distinguían por su gracia y fe en el Señor. Por ese tiempo había en Alejandría una iglesia cristiana que fue construida cerca del mar en un lugar llamado Búculo. Al ver la iglesia, San Marcos se alegró, y luego de arrodillarse, glorificó a Dios.

—El evangelista permaneció en Alejandría durante mucho tiempo. Los cristianos de esa iglesia aumentaron en número hasta formar un gran grupo y, al crecer su fe, criticaron abiertamente a los griegos por su idolatría. Al saber de la permanencia de san Marcos en la ciudad y enterarse que el estaba realizando milagros — sanando enfermos, devolviendo el oído a los sordos y la vista a los ciegos — las autoridades paganas de la ciudad se enfurecieron con él de odio y maldad y comenzaron a buscarlo. Sus esfuerzos resultaron en vano; en las reuniones en los templos paganos, hacían rechinar los dientes y exclamaban con ira: — ¡Tantos problemas que este brujo y hechicero nos está provocando!—

—San Marcos fundó la iglesia en Alejandría, la principal ciudad de Egipto, de donde fue su primer obispo. Allí trabajó arduamente para iluminar con la luz de Cristo tanto a judíos como a gentiles, quienes hasta entonces habían vivido en la oscuridad de la idolatría. Después de dejar en gran orden la iglesia de Alejandría, consagrando para ésta y las demás ciudades circundantes obispos y demás clérigos, san Marcos partió de la tierra de Egipto. No se sabe a dónde fue de allí ni tampoco si estuvo presente en Jerusalén para el Concilio de los Apóstoles (50 ó 51 d.C.). —Pero cuando el Apóstol Pablo estuvo con Barnabás en Antioquía, antes de emprender su segundo viaje misionero, San Marcos se reunió con ellos, tal como atestigua el Libro de los Hechos de los Apóstoles, y él y su tío partieron hacia la tierra natal de este último, la isla de Chipre (Hechos 15:36-40).

—Luego de trabajar con Barnabás durante un tiempo para difundir las buenas nuevas de Cristo, Marcos partió nuevamente a Egipto; pero después de pasar algún tiempo allí, regresó una vez más donde el Apóstol Pedro. Juntos partieron de nuevo a diversas partes de Egipto, donde establecieron iglesias. Los Apóstoles tuvieron también la ocasión de encontrar una iglesia en la ciudad de Babilonia (Numerosas fuentes suponen que Babilonia (1 Ped. 5:13) se refiere a uno de estos tres lugares: la antigua ciudad sobre el Éufrates, un pueblo de Egipto cerca de Alejandría o, figuradamente, a Roma.), de donde Pedro escribió su primera epístola general a los cristianos del Asia Menor (1 Ped. 5:13). San Marcos se quedó en Egipto hasta el octavo año del reinado del emperador Nerón (aproximadamente en el año 62 d.C.).

—Posteriormente San Marcos se reunió nuevamente con el Apóstol Pablo, llegando a ser uno de sus colaboradores. Mientras que el Apóstol Pablo languidecía encadenado en Roma (de los años 61 al 63 d.C.), — Marcos y varios otros se dividieron el trabajo evangélico del Apóstol. En su epístola a los colosenses, escrita en ese entonces en Roma El Apóstol Pablo se refiere a Marcos como uno de sus pocos colaboradores para el reino de Dios que eran un consuelo para él en ese momento (Col 4:10-11; Fil. 5.23). —Según se desprende de esta epístola a los colosenses, por instrucciones del Apóstol Pablo, Marcos salió de Roma hacia el Asia Menor, yendo a la ciudad Frigia de

Colosos (Col. 4:10), para contrarrestar a los falsos maestros que estaban llevando por el mal camino a los cristianos colosenses (Col. 18-18).

—No se sabe dónde pasó san Marcos los siguientes años. Sin embargo, no mucho antes del martirio de San Pablo (en el año 67 d.C. aproximadamente), San Marcos estaba en Asia Menor, específicamente en la ciudad de Éfeso, la tierra natal de San Timoteo, obispo de la iglesia de Éfeso. Por ese tiempo, el Apóstol Pablo, que estaba nuevamente en prisión, escribió una epístola a Timoteo en la cual mandaba a llamar a éste a Roma para que lo ayudara y también le encargaba —traer a Marcos con él, porque me es útil para el ministerio— (II Tim. 4:11). En Roma, San Marcos presenció el martirizante fin de ambos maestros, los grandes y preeminentes Apóstoles de Cristo, Pedro y Pablo, quienes sufrieron por su Maestro al mismo tiempo en la ciudad imperial; Pablo, que gozaba de los privilegios de la ciudadanía romana, fue decapitado con una espada, en tanto que Pedro fue crucificado.

—Después del martirio de sus grandes maestros, el evangelista Marcos viajó nuevamente a Egipto para poner en buen orden la iglesia fundada por él. Trabajó arduamente predicando la fe cristiana en Alejandría, la cual, como capital de Egipto, fue la primera fuente del saber helénico. —En esta ciudad había una famosa biblioteca donde floreció la ciencia pagana; y como aquí acudía gente de todos los rincones del mundo, la ciudad estaba llena de eruditos, filósofos, oradores y poetas. Incluso los judíos, que vivían en Alejandría en gran número, se vieron atraídos por la erudición pagana. —Con el fin de afirmar la fe de Cristo y contrarrestar la influencia de los ilustrados paganos y judíos, el san Marcos fundó en Alejandría una escuela de catequización cristiana. —Posteriormente, esta escuela llegaría a ser un manantial de iluminación cristiana y conseguiría renombre debido a los numerosos grandes maestros de la Iglesia, tales como Panteno y Clemente, y a varios padres de la Iglesia, como Dionisio de Alejandría, Gregorio el Taumaturgo y otros que saldrían de ella.

—Teniendo cuidado en establecer un orden para los divinos servicios de la Iglesia, san Marcos codificó el ritual de la liturgia y lo entregó a los cristianos de la Iglesia de Alejandría. —Este rito eucarístico se conserva en esa iglesia hasta hoy. —

—Luego de dejar en orden la Iglesia de Alejandría, San evangelista Marcos, en su preocupación por diseminar las enseñanzas de Cristo, no dejó de dirigir su atención hacia los habitantes de otras ciudades y regiones de Egipto, sino que como un fuerte y valeroso atleta, guiado por el Espíritu de Dios, con toda diligencia y preocupación recorrió por todas partes para proclamar la doctrina del cristianismo. —Visitó muchas tierras del interior de África, y también estuvo en Libia, Cirenaica y Pentápolis, todas las cuales estaban sumergidas en la oscuridad de la pagana idolatría. — En las ciudades, pueblos e incluso partes deshabitadas se habían construido templos paganos, en los que se erigieron ídolos y se practicaban ritos mágicos, cartomancia y hechicería. Al pasar por estas ciudades y pueblos predicando el Evangelio, San Marcos iluminó el corazón de la gente, que estaba sumida en la oscuridad de la idolatría, con la luz de la divina enseñanza, realizando al mismo tiempo numerosos milagros entre ellos. Tan sólo con su palabra llena de gracia, sanó a los enfermos, purificó a los leprosos y expulsó a los espíritus impuros y malignos; en tanto que su predicación, acompañada por estos grandiosos y maravillosos milagros, tuvo un gran éxito. Los templos paganos se destruyeron, los ídolos se vinieron abajo y se hicieron pedazos y la gente se limpió y purificó, siendo bautizados en el nombre del Padre, del Hijo y del Espíritu Santos. —

En todos los lugares a donde iba el evangelista Marcos se construían iglesias de Dios, y la Iglesia de Cristo floreció en Egipto. Como resultado de las santas palabras de la predicación de San Marcos y bajo la influencia de la exaltada pureza y santidad de su propia vida virtuosa, los cristianos de Egipto, mediante la acción de la gracia divina, alcanzaron tal grado de pureza y perfección exaltada en su propia lucha para conseguir la salvación, que su vida, rebosante de santidad de virtud cristiana, se volvió en objeto de gran asombro y alabanza incluso para los paganos y los judíos incrédulos.

—Eusebio, obispo de Cesárea, Palestina y Nicéforo Xantapulo, que eran historiadores eclesiásticos, conservaron en sus escritos el testimonio de un tal Filo, un filósofo judío contemporáneo de los Santos Apóstoles, quien, alabando la vida virtuosa de los cristianos egipcios, señala: Ellos (o sea, los cristianos) han dejado de lado todo interés por las riquezas transitorias y ni siquiera se preocupan por sus posesiones, no considerando nada terrenal como suyo o apreciable para ellos. —Algunos, abandonado todo interés por las cosas de esta vida, se van de las ciudades y se van a vivir en lugares y oasis solitarios, evitando la compañía de personas que no comparten su concepción sobre la vida, a fin que éstos no les hagan vacilar en su virtud. Sostienen que la abstinencia y la mortificación de la carne son la única base sobre la cual puede fundarse una buena vida. Ninguno come o bebe antes de las primeras horas de la noche, y algunos comen solamente cada cuatro días.

—Otros, eruditos en la interpretación y comprensión de las Divinas Escrituras, sedientos de conocimiento y alimentándose con la comida espiritual del conocimiento de Dios, pasan su tiempo estudiando las Escrituras y a menudo dejan de comer hasta el sexto día. Ninguno suele tomar vino y todos evitan comer carne, agregando solamente sal e hisopo (una hierba amarga) a su dieta de pan y agua. Con ellos viven mujeres que se han preparado en la vida de virtud y se han acostumbrado tanto a esta que permanecen vírgenes hasta una avanzada edad. Y conservan su virginidad no porque estén obligadas a hacerlo, sino por propia voluntad, inspiradas por la devoción y el amor por la sabiduría, que las lleva a repudiar los placeres carnales y a luchar para conseguir no la descendencia mortal sino la inmortal, tal como el alma que ama y anhela por Dios y es el único capaz de engendrar.

— Explican las Sagradas Escrituras en forma alegórica, ahondando en su sentido y misterios más profundos y ocultos; porque las Escrituras, en su opinión, son como una entidad viviente, la expresión de sus palabras constituye su cuerpo visible, y el sentido y los misterios que subyacen en esta expresión forman su alma invisible... Se levantan temprano para glorificar y alabar a Dios, para cantar y escuchar la palabra de Dios, los hombres se separan de las mujeres. Algunos no dejan el ayuno durante siete días. Al séptimo día se guardan con gran veneración. Cuando se preparan para ello y sus demás días festivos, se echan a descansar en el suelo desnudo. Los servicios divinos los realizan sacerdotes y diáconos, a quienes controla un obispo. —

POST TENEBRAS LUX ERAT

—Este fragante jardín de Cristo fue el que plantó y cultivó San evangelista Marcos en la tierra de Egipto con su arduo trabajo. Allí, en Alejandría, padeció y murió, como el primer mártir de la Iglesia de esa ciudad y provincia.

—Los sufrimientos y el martirio de San Marcos son narrados por el bendito Simeón Metafrastes, — un escritor eclesiástico del siglo IX. Este señala que cuando estaba próxima la más espléndida fiesta de la pascua hebrea, el 24 de abril, también fiesta de la radiante Resurrección de Cristo, que ese año coincidió con la festividad del falso dios Serapis, los paganos lograron finalmente arrestar a San Marcos. — Ese día, San evangelista estaba celebrando la Divina Liturgia, ocasión que los impíos paganos encontraron como una excelente oportunidad; así, luego de reunirse en una gran turba para su propia festividad, repentinamente atacaron la iglesia. Agarraron a san Marcos, lo ataron con correas y lo arrastraron por las calles y pasajes de la ciudad, exclamando: — ¡Llevemos a este buey al comedero!— Sin embargo, San Marcos, soportando estos tormentos, agradeció al Señor diciendo: —Te agradezco, oh Señor Jesucristo, que me hayas honrado con sobrellevar estos sufrimientos en tu nombre. —

—Después arrastraron a San Marco por el suelo cubierto de piedras puntiagudas, para que su cuerpo fuera desgarrado por éstas; así se llenó de heridas y la sangre, que fluía copiosamente, manchó el sendero. Así lacerado, después los paganos llevaron al Santo a la prisión donde lo arrojaron, en tanto que a las primeras horas de la noche se reunieron ellos para decidir la clase de muerte que le aplicarían. A la medianoche, el ángel del Señor se apareció al Apóstol mártir, con el fin de fortalecerlo para luchar contra el martirio con la esperanza de tener una inminente bendición en el cielo; después el Señor Jesucristo se le apareció, consolándolo con su presencia. A la mañana siguiente, la salvaje turba de paganos sacó al Apóstol de la mazmorra y lo condujo por las calles de la ciudad. San no pudo soportar más las heridas, por lo que pronto reposó, agradeciendo a Dios oró diciendo: — ¡En Tus manos, oh Señor, entrego mi espíritu!—

—La muerte del Apóstol no satisfizo la insaciable maldad de los paganos, por lo que decidieron quemar su cuerpo. Apenas se hubo encendido la llama cuando repentinamente sobrevino la oscuridad, se produjo un terrible trueno, la tierra comenzó a temblar y empezó a llover y granizar, espantando a la multitud y extinguiendo el fuego. Los piadosos cristianos recogieron el cuerpo con reverencia y lo enterraron en una tumba de piedra en el lugar donde realizaban sus servicios de oración.

—En el año 310 se construyó una iglesia sobre la tumba de San Marcos, — y sus reliquias permanecieron en Alejandría hasta el siglo IX. En el año 828 d.C., — cuando el dominio de los musulmanes y la herejía del monofisitas había debilitado tremendamente en verdadero cristianismo en Egipto, —las reliquias del evangelista fueron trasladadas a Venecia, —cerca de donde había predicado una vez el Evangelio (en Aquilea). —Allí descansan ellas hasta hoy, en la espléndida iglesia dedicada a él. También se conserva allí un antiquísimo manuscrito del Evangelio según San Marcos, grabado en un delgado papiro egipcio, el cual, según la tradición, fue escrito por el mismo evangelista.

POST TENEBRAS LUX ERAT

San Matías

—**San** Apóstol Matías, descendiente de la tribu de Judá, nació en Belén. Desde su temprana niñez comenzó a estudiar los sagrados libros y la ley de Dios en Jerusalén. Bajo la guía de San Simeón el Receptor de Dios, Matías fue instruido por él en la vida de la virtud. Llevó una vida que complacía a Dios, siguiendo estrictamente por el sendero señalado en los mandamientos de Dios. Llegó el momento en que el Señor, después de haber pasado treinta años desde el día de Su natividad de la purísima Virgen María, se reveló ante el mundo después de Su Bautismo por Juan. Luego de reunir discípulos, predicó la llegada del reino de Dios, realizando al mismo tiempo incontables milagros y señales. —Matías, al escuchar las enseñanzas de Cristo y presenciar su milagrosa obra, se llenó de amor por El; y luego de abandonar las preocupaciones de este mundo, siguió al Señor junto a los demás discípulos y la gente, regocijado ante la visión del semblante del Dios encarnado y en el inefable gozo de su enseñanza. —El Señor, a quien se aparecen los más ocultos movimientos del corazón humano, viendo el fervor y la pureza de alma de Matías, lo escogió no sólo como discípulo, sino también para el ministerio apostólico.

—Al comienzo, San Matías perteneció a los setenta Apóstoles, de quienes se habla en el Evangelio. —*El Señor designó también a otros setenta y los envió de a dos ante su rostro*— (Lc. 10:1); sin embargo, después de la voluntaria pasión, resurrección y ascensión al cielo de nuestro Señor Jesucristo, San Matías fue admitido a la compañía de los doce Apóstoles. — Después de la caída de Judas del coro de los doce Apóstoles, como nadie había sido elegido para tomar el lugar de éste, ese grupo perdió su plenitud y con ella el derecho a llamarse de los doce, por eso, San Pedro, el preeminente de los Apóstoles, parándose en medio del grupo de los primeros cristianos, dirigió la palabra a los fieles sobre cómo era necesario para que ellos eligieran a alguien para tomar el puesto de Judas, quien se había separado y muerto: uno de los que había estado con los Apóstoles todo el tiempo que el Señor Jesús había estado con ellos; la compañía de los doce más cercanos Apóstoles, que había sido elegida por él, pudo resultar entera y sin cambios. —*Y designaron a dos, José, llamado Barsabás... y Matías. Rezaron y dijeron: —Tú, Señor, que sabes lo que hay en el corazón de todos los hombres, señala a quien de los dos has elegido, para que participe de este ministerio y apostolado, de los cuales Judas cayó por trasgresión, para irse a su lugar. — Y les echaron suerte, y cayó la suerte sobre Matías; y fue contado con los once Apóstoles*— (Hch 1:23-26).

—Esta elección pronto fue confirmada por el Señor al enviar al Espíritu Santo en forma de lenguas de fuego, pues éste descansó sobre San Matías al igual que sobre los demás Santos Apóstoles, impartiéndole la gracia en la misma medida que el resto de los discípulos del Señor.

—Después del descenso del Espíritu Santo, los Apóstoles se sortearon para ver cuál de ellos iría a qué país para predicar el Evangelio. Al Santo Matías le tocó el lote de Judea, donde él trabajaba recorriendo ciudades y pueblos, proclamando las buenas nuevas de la aparición del Salvador del mundo en la persona de Jesucristo. Posteriormente, predicó el nombre de Jesús no sólo entre los judíos, sino también entre los gentiles. La tradición dice que San Matías fue a difundir las buenas nuevas de Cristo a los habitantes de Etiopía, en donde soportó numerosas y diversas aflicciones. Los paganos lo arrastraron por el suelo, lo amarraron para golpearlo, colgándolo de una columna, lacerándolo con una hoja de hierro y quemándolo con fuego; pero fortalecido por Cristo, San Matías soportó con alegría y valor estos tormentos.

—Según ciertas informaciones, San Matías predicó el Evangelio en Macedonia, donde los impíos griegos, deseando probar el poder de la enseñanza que San Apóstol proclamaba, lo arrestaron y obligaron a beber el veneno que priva al hombre de la visión. Sin embargo, San Matías, después de atragantar el veneno en nombre de Cristo, no sufrió ningún daño e incluso sanó a más de doscientas cincuenta personas que habían quedado ciegas por causa de este veneno, colocando sus manos sobre ellos e invocando el nombre de Cristo.

—El demonio, incapaz de soportar tal reproche, se presentó a los paganos en forma de un joven y los instó a matar a Matías, porque éste quería abolir la adoración de sus dioses. —Cuando fueron a agarrar al Santo Apóstol, lo buscaron infructuosamente durante tres días; pero San Matías, aunque caminaba en medio de ellos, se hizo invisible a ellos. Después, San Apóstol se presentó a los paganos que lo buscaban y voluntariamente se entregó a sus manos; estos lo ataron, lo encerraron en una mazmorra donde se aparecieron unos demonios que hacían rechinan sus dientes de rabia. Pero a la noche siguiente, el Señor se le apareció en una brillante luz, quien luego de alentar a San Matías y liberarlo de sus ataduras abrió las puertas de la prisión y lo liberó. —

Al despuntar el alba, el Apóstol se paró en medio de la gente, predicando el nombre de Cristo con una valentía todavía mayor. Cuando varias personas, que eran duras de corazón y se rehusaban a creer su prédica se enfurecieron y quisieron golpearlo con sus manos, repentinamente la tierra tembló y se los tragó. Sobrecogidos de horror, los que se salvaron aceptaron a Cristo y se bautizaron.

—Después, el Apóstol de Cristo regresó nuevamente a su parte, Judea, donde convirtió a muchos de los hijos de Israel al Señor Jesucristo, proclamando a ellos la Palabra de Dios y confirmando esto con señales y milagros. Por el nombre de Cristo San Matías devolvió la visión a los ciegos, el oído a los sordos, la vida a los muertos. Puso de pie a los lisiados, purificó a los leprosos y expulsó demonios. —Llamando santo a Moisés y exhortando a todos a guardar la ley dada a él por Dios en las tablas de piedra, San Matías al mismo tiempo les enseñó a creer en Cristo, quien había sido profetizado por el mismo Moisés en señales y prefiguraciones, anunciado por los profetas, enviado por Dios el Padre para salvar al mundo y se encarnó de la purísima e inmaculadísima Virgen. Así mismo, San Matías interpretó señalando que todas las profecías relacionadas a Cristo se cumplieron en el Mesías que había llegado.

Por ese tiempo el sumo sacerdote de los judíos era Ananías, que odiaba a Cristo y blasfemaba su nombre; era un perseguidor de los cristianos, el cual ordenó arrojar al

Santo Apóstol Santiago, hermano de Dios, desde el pináculo del templo matándolo de esta forma. Cuando San Matías, que iba por Galilea, predicaba a Cristo el Hijo de Dios en las sinagogas de esos lugares, los judíos, enceguecidos por el descreimiento y la maldad, se enfurecieron; agarraron al Santo Apóstol y lo llevaron a Jerusalén donde el mencionado Ananías, el sumo sacerdote, luego de convocar el sanedrín y llamar a juicio al Santo Apóstol, se dirigió a la asamblea, que carecía de conciencia propia, diciendo: —Todo el mundo, y esta asamblea, conoce la deshonra que nuestro pueblo se ha infligido sobre sí, y no por nuestra propia voluntad, sino por la corrupción de unos cuantos que se han alejado de nosotros y por el insaciable interés propio, o más bien la tiranía de los prefectos romanos... No le privaremos del tiempo para reflexionar, porque no queremos su destrucción, sino su corrección. Dejemos que escoja una de las dos alternativas: o que siga la ley dada por Dios a través de Moisés y así conserve su vida, o que se llame cristiano y muera. —

—Al responder esto, San Matías, elevando sus manos, dijo: —Hombres y hermanos, no deseo decir mucho sobre la acusación que hacen en contra mía. Para mí el llamarse cristiano no es un crimen, sino la gloria. Porque el mismo Señor dijo a través del profeta (Isaías) que en los últimos días sus —sirvientes serán llamados con un nuevo hombre— (Is. 65:15).— el sumo sacerdote Ananías exclamó: —¿No es crimen considerar la sagrada ley como nada, no honrar a Dios y escuchar vacías historias de hechicerías?— —Si vosotros me escucharais — replicó San Matías, os explicaría que la enseñanza proclamada por nosotros no está llena de mitos y hechicería, sino que la misma verdad atestiguó con la ley hace mucho tiempo.—

—Cuando el sumo sacerdote dio su permiso, San Matías abrió la boca y comenzó a interpretar los símbolos y profecías del Antiguo Testamento en relación a Jesucristo; a como prometió Dios a los antepasados, Abraham, Isaac y Jacob, hacer nacer a un hombre de su semilla, a través del cual todas las tribus de la tierra serían bendecidos, sobre lo cual David también habla en las palabras de su salmo: —En Él se bendecirán todas las tribus de la tierra, todas las naciones lo llamarán bendito— (Sal. 71:17); a cómo el arbusto sin quemar anunció la encarnación de Cristo de la purísima Virgen, a quien Isaías predijo, diciendo: —He aquí que la Virgen concebirá, y parirá hijo, y llamará su nombre Emmanuel— (Is. 7:14); es decir, —Dios con nosotros.— Moisés también claramente proclamó a Cristo, diciendo: —El Señor tu Dios te levantará como profeta de tus hermanos, como yo; a quien oiréis— (Deut. 18:15). También predijo los voluntarios sufrimientos del Salvador, cuando al levantar la serpiente con el bastón, Isaías señaló, diciendo: —Fue conducido como una oveja al matadero— (Is. 53:7); y —fue contado con los perversos— (53:12). El profeta Jonás, que salió ileso del vientre de la ballena, fue un anuncio de la resurrección del Señor al tercer día.

—Estas amplias explicaciones de los libros del Antiguo Testamento que hablan de Cristo Jesús, enfurecieron tanto a Ananías que hablan de Cristo Jesús, que no pudo controlarse, diciendo este: —¿Cómo te atreves a infringir la ley? ¿No conoces las bien sabidas palabras de las Escrituras que dicen: —Cuándo se levantare en medio de ti profeta, o soñador de sueños, y te diere señal o prodigio, y acaeciere la señal o prodigio que él te dijo, diciendo: —Vamos en pos de dioses ajenos, que no conociste, y sirvámosle... ese profeta o soñador de sueños, ha de ser muerto...—— (Deut. 13:1-5)?

POST TENEBRAS LUX ERAT

—San Matías respondió: —Ese de quien hablo no solamente es un profeta, sino el Señor de los profetas, el es Dios, el Hijo de Dios, cuyos milagros atestiguan. Por eso, creo en el y tengo la esperanza de no cambiar mi confesión de su Santísimo Nombre. — ¿Si te dan un momento para reflexionar, te arrepentirías?— preguntó el sumo sacerdote. —Ojalá que nunca me salga de la verdad que ya he recibido, — contestó San Apóstol. Creo con todo mi corazón y confieso abiertamente que Jesús de Nazaret, a quien vosotros rechazasteis y entregasteis a la muerte, es el Hijo de Dios, el cual es de una esencia e igualmente eterno con el Padre; y yo soy Su sirviente. —

Entonces el sumo sacerdote, dejó de escuchar e hizo crujir los dientes, diciendo: —¡El blasfema! — ¡El blasfema! ¡Que escuche la ley!— Inmediatamente abrieron el libro de la ley y se leyó el pasaje donde está escrito: —*Quienquiera que maldiga a Dios deberá sobrellevar su pecado. El que nombra el nombre del Señor, debe morir apedreado por toda la congregación de Israel*— (Lev. 24:15-16). Luego de leerse este pasaje, el sumo sacerdote dijo al Apóstol de Cristo: —Tus palabras atestiguan en tu contra; que tu sangre caiga en tu propia cabeza. —

—Entonces el sumo sacerdote condenó al Santo Matías a la muerte por apedreamiento; y condujeron al Apóstol para ejecutarlo. Cuando llegaron al lugar llamado Betlaskila, o sea, la casa de los condenados al apedreamiento, San Matías dijo a los judíos que lo habían llevado hasta allí, — ¡Hipócritas! Con razón el profeta David dijo de esos como vosotros: —Cazarán el alma del justo y condenarán la sangre inocente— (Sal. 93:21). Lo mismo dijo el profeta Ezequiel de esta especie de hombres, que —Anunciando muerte al que debe vivir y vida al que debe morir—— (Ez. 13:19).

—Después de decir estas palabras el Apóstol de Cristo, dos testigos, tal como lo exige la ley, colocaron sus manos sobre su cabeza y atestiguaron que él había blasfemado a Dios, a la ley y a Moisés; y estos fueron los primeros en arrojar piedras al Santo Matías. Este último pidió que enterraran junto a él las dos primeras piedras, como testigos de sus sufrimientos por Cristo. —Posteriormente, otros también comenzaron a arrojarle piedras, golpeando al Santo Apóstol; éste, levantando y elevando sus manos entregó su espíritu en manos de su Señor. —Después, los perversos judíos agregaron otro insulto a su tormento; después de la muerte del mártir, para complacer a los romanos, lo decapitaron con una espada, como si el Apóstol de Cristo hubiera sido un opositor del César. Así, después de haber combatido en la buena lucha, San Apóstol Matías terminó su marcha. Los fieles, luego de recoger el cuerpo del Apóstol, lo hicieron enterrar, enviando glorificación a nuestro Señor Jesucristo, a quien, con el Padre y el Espíritu Santo, sean el honor y la gloria, ahora y siempre, por los siglos de los siglos. Amén.

POST TENEBRAS LUX ERAT

San Pablo El Aborto

—**San** Apóstol Pablo, quien antes de su apostolado se llamaba Saulo, era judío de nacimiento, de la tribu de Benjamín. Nació en Tarso de Cilicia a donde sus padres, que pertenecían a familias prominentes, se habían mudado luego de vivir en Roma; éstos tenían el codiciado rango de ciudadanos romanos, razón por la cual Pablo también era ciudadano romano. Aparentemente, el primer Santo mártir Esteban era pariente suyo, con quien probablemente lo enviaron sus padres a Jerusalén para estudiar la ley de Moisés, en donde fue discípulo del famoso Rabí Gamaliel. Su amigo y compañero de estudios era Barnabás, quien después llegó a ser Apóstol de Cristo. Cuando dicho amigo se convirtió al cristianismo, éste imploró incesantemente a Dios para que iluminara el entendimiento de Saulo y cambiara su corazón. En tanto que Saulo estudió principalmente la ley de sus padres, se convirtió en un defensor de ella y se unió al partido de los fariseos (estrictos zelotes de su herencia que se jactaban de su piedad).

—En ese tiempo, en Jerusalén y en las ciudades y tierras de la región, los Santos Apóstoles se empeñaban por difundir las buenas nuevas de Cristo; pero a causa de ello, a menudo tenían que meterse en largas discusiones con los fariseos y los saduceos, los últimos de los cuales rechazaban la tradición y no creían en la inmortalidad del alma; y también con todos los escribas y los expertos legales de los judíos, quienes odiaban y perseguían a los que predicaban a Cristo. Saulo detestaba también a los Santos Apóstoles y no quería ni siquiera escuchar a nadie que hablara sobre Cristo; también se burlaba de Barnabás, quien se había convertido en Apóstol de Cristo, y blasfemaba contra el Maestro.

—Cuando el primer santo mártir Esteban fue apedreado por los judíos, Saulo no sólo no mostró ninguna piedad por uno de su propia sangre, quien era condenado a pesar de su inocencia, sino que aprobó su muerte y montó guardia sobre las vestiduras de los judíos que arrojaban las piedras a Esteban. Posteriormente, luego de solicitar permiso a los sacerdotes y ancianos principales de los judíos, atacó la Iglesia (la comunidad de los creyentes) con una ira todavía mayor, ingresando a las casas particulares y arrestando a hombres y mujeres a quienes enviaba a la cárcel. No satisfecho con perseguir a los fieles en Jerusalén, y profiriendo en forma permanente amenazas e intimidando de muerte a los discípulos de Cristo, se trasladó a Damasco con cartas de altos sacerdotes para las sinagogas, a fin que allí inclusive pudiera buscar a todos los que creyeran en Cristo, hombres y mujeres, y luego de arrestarlos, llevarlos de vuelta a Jerusalén. Esto aconteció durante el reinado del emperador Tiberio.

—Pero cuando Saulo se aproximaba a Damasco, una luz brillante y cegadora apareció súbitamente del cielo, la cual lo hizo caer al suelo, y se escuchó una voz que le decía:
—Saulo, Saulo, ¿por qué me persigues? Lleno de asombro, le replicó preguntándole:
— ¿Quién eres Tú Señor?— el Señor le contestó: —Yo soy Jesús a quien tú

persigues: dura cosa te es dar coces contra el aguijón. — Temblando y temeroso, él le dijo: —Señor, ¿qué quieres que haga?— y el Señor le dice: —Levántate y entra en la ciudad, y se te dirá lo que debes hacer— (Hechos 9:4-6). Los soldados que iban con Saulo, se pararon también atónitos, encandilados por la maravillosa luz; escuchaban la voz que le hablaba a Saulo, mas no podían ver a nadie.

—Obedeciendo al Señor, Saulo se puso de pie, pero no podía ver nada, a pesar que tenía los ojos abiertos; sus ojos estaban enceguecidos, pero comenzó a ver con los ojos del alma. Los acompañantes y ayudantes de Saulo lo condujeron de la mano y lo llevaron a Damasco, donde permaneció tres días, sin poder ver nada. En su arrepentimiento no comió nada, sino se dedicó más bien a orar sin cesar para que el Señor le revelara su voluntad.

—En Damasco vivía el discípulo llamado Ananías. El Señor se le apareció a éste en una visión, ordenándole que buscara a Saulo, quien estaba en casa de cierto hombre de nombre Judas, y le devolviera la visión tocándole los ojos corporales y, también, los del alma mediante el sagrado bautismo. Ananías le contestó: Señor sé que muchos hablan sobre todo el mal que ha hecho este hombre a tus Santos en Jerusalén; y aquí él tiene el permiso de los sacerdotes jefes para detener a todo aquél que invoca Tu Nombre. — Y le dijo el Señor: —Ve, porque instrumento escogido me es éste, para que lleve mi nombre en presencia de los gentiles, y de reyes, y de los hijos de Israel. Porque yo le mostraré cuanto le es necesario padecer por mi nombre— (Hechos 9:13-16).

—Entonces Ananías, tal como el Señor le ordenó, fue y encontró a Saulo, y poniéndole las manos encima, éste recuperó inmediatamente la vista; cuando se levantó, recibió el Bautismo que lo llenó con el Espíritu Santo, y fue consagrado para el ministerio Apostólico. Saulo comenzó a predicar inmediatamente en las sinagogas al Señor Jesucristo, diciendo que era el Hijo de Dios. Todos los que le escuchaban quedaron sorprendidos por el cambio de actitud del antiguo perseguidor de la Iglesia de Cristo, y le dijeron: — ¿No es éste el que asolaba en Jerusalén a los que invocaban este Nombre, y a eso vino acá, para llevarlos presos a los príncipes de los sacerdotes?— (Hechos 9:21).

—Sin embargo Saulo, lleno dSan fervor, tenía una fe cada vez más sólida y llevó a la confusión a los judíos que vivían en Damasco al probarles que Jesús era el Mesías prometido. Entonces los judíos estallaron de ira en contra de él y conspiraron para matarlo, para lo cual pusieron vigilancia en las puertas de la ciudad de día y de noche a fin que no se escapara. Pero los discípulos de Cristo que se encontraban en Damasco con Ananías, sabiendo de las intenciones de los judíos, llevaron a Saulo a una casa que estaba construida en la misma muralla de la ciudad y lo hicieron bajar en una cesta por una ventana. Al salir de Damasco, no fue inmediatamente a Jerusalén, sino que se trasladó a Arabia, tal como escribe en su Epístola a los Gálatas: —No conferí con carne y sangre; ni fui a Jerusalén a los que eran Apóstoles antes que yo; sino que me fui a Arabia, y volví de nuevo a Damasco. Después, pasados tres años, fui a Jerusalén a ver a Pedro— (Gálatas 1:16-18).

POST TENEBRAS LUX ERAT

—Al llegar a Jerusalén, Saulo trató de juntarse con los discípulos de Cristo, pero éstos eran temerosos, no creyendo que se había convertido en discípulo del Señor. Quien creyó en él fue el Apóstol Barnabás, cuya fervorosa súplica no había dejado sin respuesta el misericordioso Maestro. El recién convertido Saulo cayó ante los pies de su amigo e imploró: —Oh Barnabás, maestro de la verdad, ahora estoy convencido de la verdad de la que me hablaste sobre Cristo. — Barnabás lloró de alegría y abrazó a su amigo y, tomándolo de la mano, lo llevó donde los Apóstoles. Entonces Saulo les contó cómo había visto al Señor en el camino a Damasco y cómo había predicado en el nombre de Jesús en esa ciudad. Los Santos Apóstoles se llenaron de gozo y glorificaron a Cristo Señor. Saulo se ponía a discutir incluso en Jerusalén con los judíos y helenos en el nombre del Señor Jesús y les demostraba que éste era el Mesías que los profetas predijeron.

—Un día, mientras rezaba en el templo, Saulo le sobrevino un éxtasis y vio al Señor, quien le dijo: —*Date prisa y sal prontamente de Jerusalén, porque no recibirán tu testimonio de mí.*— Entonces Saulo le dijo: —*Señor, ellos saben que yo encerraba en la cárcel y maltrataba por las sinagogas a todos lo que creían en Ti; y cuando se derramó la sangre de tu mártir, Esteban, yo también estuve presente y consentí su muerte y guardé las ropas de los que lo mataban.*— Pero el Señor le dijo: —*Ve, porque Yo te enviare lejos a los gentiles*— (Hech. 22:18-21).

—A pesar de esta visión, Saulo quiso quedarse todavía unos cuantos días en Jerusalén, porque había recibido el consuelo de la conversación con los Apóstoles, pero no pudo hacerlo. Los judíos, con quienes había tenido discusiones sobre Cristo, estaban muy enojados y querían eliminarlo. Sabiendo esto, los cristianos de Jerusalén lo acompañaron hasta Cesárea, donde zarpó hacia Tarso, su tierra natal; allí se quedó por algún tiempo predicando a sus coterráneos la palabra de Dios.

—Por inspiración del Espíritu Santo, Barnabás llegó hasta allá y se llevó a Saulo a Antioquía de Siria, sabiendo que éste fue designado Apóstol para los gentiles. Predicando allí en la sinagoga por un año entero, ambos convirtieron a muchos a Cristo, cuales empezaron a llamarse cristianos. Transcurrido el año, Barnabás y Saulo regresaron a Jerusalén y relataron a los Apóstoles sobre lo que había hecho la Gracia de Dios en Antioquía, lo cual produjo gran regocijo en la Iglesia de Cristo en Jerusalén. Más aún, trajeron consigo generosas limosnas de donadores cristianos de Antioquía a fin de ayudar a los hermanos pobres y menesterosos que vivían en Judea; porque en ese tiempo, durante el reinado del emperador Claudio, había una gran hambruna, la cual había sido predicha por San Agabo, uno de los setenta Apóstoles, a través de una revelación especial del Espíritu Santo.

—Después de Jerusalén, Barnabás y Saulo regresaron a Antioquía. Cuando hubieron permanecido allí un cierto tiempo, ayunando y orando, en la celebración de la Divina Liturgia y predicando la palabra de Dios, el Espíritu Santo les envió a predicar a los paganos. Este les dijo a los ancianos de la iglesia de Antioquía: —*Apartadme a Barnabás y a Saulo para la obra a que los he llamado*— (Hechos 13:2). Entonces los ancianos de la comunidad, habiendo ayunado y orado, y puesto las manos sobre ellos, les despiden.

POST TENEBRAS LUX ERAT

—Bajo inspiración del Espíritu Santo, Barnabás y Saulo se trasladaron a Seleucia, donde se embarcaron a la isla de Chipre (tierra natal del Apóstol Barnabás). Allí, en la ciudad de Salamis, predicaron la palabra de Dios en las sinagogas de los judíos y después viajaron por toda la isla, incluso por Pafos. En este último lugar, encontraron a un tal Elimas, un judío cuyo sobrenombre era Barjesús, quien era hechicero y falso profeta. Este estaba relacionado con el gobernador de esa región, de nombre Sergio Pablo, quien era una persona inteligente y estaba al parecer influenciado por aquél. El gobernador mandó a llamar a Barnabás y a Saulo porque quería escuchar la palabra de Dios y escuchar su prédica. Pero Elimas se opuso a éstos, tratando de alejar al gobernador de la fe. Entonces Saulo, que también es Pablo, lleno del Espíritu Santo, fijando en él los ojos, le dijo: —*Oh, lleno de todo engaño y de toda maldad, hijo del diablo, enemigo de toda justicia, ¿no cesarás de trastornar los caminos rectos del Señor? Ahora pues, he aquí, la mano del Señor que se va contra ti y te volverás ciego; y no verás el sol por algún tiempo*— (Hechos 13:10-11). Inmediatamente la oscuridad y tinieblas cayeron sobre el hechicero, quien yendo de un lado a otro, buscó a alguien para que le llevara de la mano. —Al ver lo ocurrido, el gobernador comenzó a creer completamente; maravillándose por la enseñanza del Señor; con él mucha de su gente también comenzaron a creer y, por lo tanto, el número de fieles creció.

—Saliendo de Pafos en bote, Pablo y sus compañeros arribaron a Perga, que se encuentra en Parnfilía, de donde partió a Antioquía de Pisidia. Allí predicó sobre Cristo; pero luego que hubo convertido a muchos a la fe, los maliciosos judíos incitaron a las personas principales de la ciudad, que eran idólatras, a echar, con su ayuda, a los Apóstoles del pueblo y sus alrededores.

—Sacudiendo el polvo de sus sandalias, los Apóstoles se fueron a Iconio, donde se quedaron por algún tiempo y predicaron valientemente. Gracias a ello, una gran multitud de judíos y paganos se convirtieron a la fe, no sólo por su prédica, sino por las señales y milagros que realizaban ellos con sus manos, fue allí donde convirtieron a la santa virgen Tecla (a quien se conmemora el 24 de septiembre) y la prometieron a Cristo. Sin embargo, los judíos no creyentes agitaban a los paganos y a sus jefes para que se enfrentaran a los Apóstoles y los atacaran con piedras. Al enterarse de esto, los Apóstoles se alejaron a Licaonia, a las ciudades de Listra y Derba y sus alrededores.

—Cuando predicaban el evangelio en Listra, sanaron a un cojo de nacimiento que nunca había caminado; en el nombre de Cristo pusieron de pie a éste, quien se paró inmediatamente y comenzó a caminar. Al ver este milagro, la gente elevó su voz, diciendo en dialecto licaónico: —*Dioses semejantes a hombres han descendido a nosotros*— (Hechos 14:11). Entonces llamaron a Barnabás Zeus, y a Pablo —Hermes. Después les llevaron bueyes y guirnaldas, y se aprestaban a ofrecerles sacrificios a los Apóstoles. Pero cuando ellos oyeron esto, desgarraron sus ropas y, metiéndose entre la multitud, gritaron: —*Varones, ¿por qué hacéis esto? —Nosotros también somos hombres semejantes a vosotros, que os anunciamos que de estas vanidades os convirtáis al Dios vivo, que hizo el cielo, la tierra y el mar, y todo lo que está en ellos*— (Hechos 14:15). Después ellos explicaron a la gente la palabra del único Dios, luego de lo cual lograron convencerla a no ofrecerles sacrificios.

POST TENEBRAS LUX ERAT

—Durante su permanencia en Listra, donde predicaban, llegaron unos judíos de Antioquía e Iconio quienes convencieron al pueblo para que abandonara a los Apóstoles, sosteniendo desvergonzadamente que éstos decían falsedades, mintiendo. Incitaron a los que no tenían una fe sólida, los cuales apedrearon al Santo Pablo, debido a que era el principal predicador, y lo sacaron de la ciudad, en la suposición que estaba muerto. Sin embargo, San se recuperó cuando lo rodearon sus discípulos y regresó a la ciudad, pero al día siguiente partió a Derba con Barnabás. Después de predicar el Evangelio en esa ciudad y de ganar no pocos conversos, volvieron sobre sus pasos a Listra, Iconio y Antioquía, para afirmar el alma de sus discípulos y exhortarlos a permanecer fieles. Ordenaron sacerdotes en cada iglesia, oraron y ayunaron, y encomendaron al Señor a los creyentes.

—Posteriormente, pasando por Pisidia llegaron a Pamfilia; y luego de predicar la palabra del Señor en Perga, se trasladaron a Atalia, en donde se embarcaron hacia Antioquía de Siria, lugar del cual habían sido enviados originalmente por el Espíritu Santo para predicar a los paganos la palabra del Señor. Una vez en esta última ciudad, reunieron a los fieles y les contaron sobre lo que Dios había hecho a través de ellos y la cantidad de paganos que habían convertido a Cristo.

—Después de un tiempo, se suscitó entre los judíos y los helenos una discusión en relación a la circuncisión; algunos afirmaban que era imposible salvarse sin ella, en cambio otros consideraban que no era necesaria. Por eso los Apóstoles tuvieron que ir a Jerusalén para preguntar a los Apóstoles y los presbíteros ancianos cuál era su opinión con respecto a este asunto y para informarles también que Dios había abierto la puerta de la fe a los paganos. Al enterarse de este hecho, los hermanos de Jerusalén se alegraron mucho.

—Cuando los Santos Apóstoles y presbíteros se reunieron, rechazaron totalmente la circuncisión, indicando que era innecesaria bajo la Gracia Divina. Ordenaron que los cristianos no se dejaran tentar por las cosas sacrificadas a ídolos, de sangre, de ahogado y de fornicación; para no ofender a su prójimo. Con esta decisión, los Apóstoles y los ancianos, junto con la iglesia, se sintieron contentos de enviar a Judas y a Silas, elegidos de entre su compañía, a Antioquía con Pablo y Barnabás (Hechos 15:20-22).

—Al llegar a Antioquía, los Apóstoles aguardaron mucho tiempo antes de regresar donde los gentiles. Pablo le dijo a Barnabás: —Regresemos y visitemos a nuestros hermanos en todas las ciudades donde proclamamos la palabra del Señor y veamos cómo están. — Pero Barnabás quería que los acompañase su sobrino Juan, que tenía por sobrenombre Marcos. Sin embargo, a Pablo no le parecía bien llevarlo porque éste los había abandonado en Pamfilia y no les había ayudado en su tarea. —Entonces se produjo un desacuerdo, por lo cual se separaron. Barnabás tomando a Marcos, navegó a Chipre; mientras que Pablo eligiendo Silas, partió encomendado por los hermanos a la gracia de Dios hacia Siria y Cilicia, donde confirmó las iglesias (Hechos 15:36-41). Luego se trasladó a Derba y a Listra; en esta última ciudad circuncidó a su discípulo Timoteo a fin de acallar las murmuraciones de los cristianos judíos, y se lo llevó con él. Después fue a Frigia y a Galacia, de donde se dirigió a Misia para tratar de ir a Bitinia, pero el Espíritu Santo no los dejó. Cuando Pablo y sus acompañantes se encontraron en Troas, en un sueño vio a un hombre que parecía ser de Macedonia, el cual se puso delante y le rogó, diciendo: —*Pasa a Macedonia para ayudarnos!*— (Hechos 16:9). Pablo interpretó esta visión como que el Señor lo estaba llamando para predicar en Macedonia. Primero navegó a Troas, pero la barca en que zarpó lo llevó primero a la isla de Samotracia; y al día siguiente llegó a Neápolis, de donde continuó a Filipos, ciudad que era colonia romana y la que estaba más cerca a Macedonia. En Filipos, enseñó y bautizó primero a una mujer de nombre Lidia, que vendía telas púrpuras, la cual le pidió que se quedara él y sus discípulos en su casa.

—Cierto día, cuando Pablo y Sus discípulos iban a la oración, se toparon con una muchacha esclava que tenía un espíritu incorporado adivino, la cual reportaba considerables ganancias a sus amos porque predecía el futuro. Siguiendo a Pablo y sus acompañantes, ella dijo en voz alta: —*Estos hombres son siervos del Dios el Altísimo, los cuales os anuncian el camino de la salvación*— (Hechos 16:17). Así continuó diciendo por muchos días, lo cual desagradó a Pablo, quien volviéndose a ella, dijo al espíritu: Te mando en el nombre de Jesucristo, que salgas de ella. Al ver sus amos que se había arruinado la fuente de sus ingresos, estos agarraron a Pablo y a Silas y los llevaron ante los magistrados de la ciudad, diciendo: —*Estos hombres, siendo judíos, alborotan demasiado nuestra ciudad y enseñan costumbres que no nos son lícitas de recibir ni observar como romanos*— (Hechos 16:20-21). Los magistrados mandaron a azotar a los Apóstoles con varas, luego de haberles rasgado los vestidos, y después que les dieron muchos azotes, los echaron en la cárcel. Pero en la medianoche, cuando ambos oraban, se produjo un terremoto y todas las puertas se abrieron, y también se soltaron las ataduras de los prisioneros.

—El carcelero, al ver esto, comenzó a creer en Cristo y los llevó a su casa, donde lavó sus heridas. El y todos los miembros de su familia se bautizaron inmediatamente y prepararon una fiesta para los Santos, los cuales regresaron después a la cárcel. Al día siguiente, las autoridades de la ciudad, dándose cuenta que habían castigado cruelmente a inocentes, enviaron a los alguaciles a la prisión con órdenes de poner en libertad a los Apóstoles para que estos fueran donde quisieran. Pero Pablo les dijo: —*Nos azotaron públicamente sin ser condenados, siendo ciudadanos romanos, y nos echaron a la cárcel; ¿y ahora nos echan encubiertamente? No, por cierto, — ¡Que vengan ellos mismos a sacarnos!*— (Hechos 16:37). Cuando los magistrados se enteraron de lo dicho por Pablo, sintieron temor porque los prisioneros a quienes habían hecho azotar eran, en efecto, ciudadanos romanos. Apresuradamente fueron donde ellos y les rogaron que salieran de la cárcel y se alejaran de la ciudad. Entonces, saliendo de dicho lugar, fueron primero a casa de Lidia, donde habían estado antes, lo cual alegró a los fieles que allí se reunían. Finalmente, se despidieron de ellos y partieron a Arnfipolis y a Apolonia, de donde se trasladaron a Tesalónica.

—En este último sitio, cuando ya habían ganado a muchos gracias a su evangelismo, los malvados judíos, luego de reunir a varias personas ruines, atacaron la casa de Jasón en donde se hospedaban los Apóstoles. Pero como no encontraron allí a éstos, agarraron a Jasón y a varios otros hermanos y los llevaron ante las autoridades de la ciudad, acusándolos de estar contra el César y de reconocer a otro emperador de nombre Jesús. Sin embargo, Jasón apenas logró zafarse de este peligro.

POST TENEBRAS LUX ERAT

—No obstante, los Apóstoles lograron esconderse de estos infames y salieron de Tesalónica por la noche hacia Berea. Incluso allí, la perversidad de los judíos no le permitió estar tranquilo a Pablo. Cuando los judíos de Tesalónica se enteraron que la palabra de Dios estaba siendo predicada por Pablo en Berea, fueron hasta allí para agitar e instigar a la gente contra Pablo. Por eso, San Apóstol se vio obligado a partir, no por temor a morir, sino por insistencia de la hermandad, la cual le pidió que conservara su vida por el bien de la salvación de muchos y lo acompañó hasta la ribera del mar. El Apóstol dejó en Berea a sus compañeros de viaje, Silas y Timoteo, para que confirmaran a los recién convertidos a la fe, ya que sabía que los judíos buscaban sólo su cabeza. Después se embarcó hacia Atenas.

—En esta ciudad, Pablo quedó consternado cuando vio la gran cantidad de ídolos que llenaba la ciudad y se afligió por la condenación de tantas almas. Comenzó a entablar discusiones con los judíos en las sinagogas y a diario debatía en las plazas públicas con los helenos y sus filósofos. Quienes le escuchaban lo llevaron al Areópago (lugar donde se reunía el tribunal superior para deliberar).

—Pero San Pablo, habiendo visto en la ciudad un altar donde se leía la inscripción: —*Al Dios no conocido,* — comenzó su anuncio haciendo referencia a esto y les predicó sobre el verdadero Dios, antes desconocido para ellos, diciendo: —*Aquel, pues, que vosotros honráis sin conocerlo, a este os anuncio yo*— (Hechos 17:23). Y les habló de Dios, el Creador de todo el mundo, del arrepentimiento, del juicio y de la resurrección de los muertos. Algunos se rieron cuando habló de la resurrección, pero otros querían saber más. Sin embargo, Pablo se apartó de ellos, aunque no sin llevar el bien a algunas almas; ya que varios comenzaron a creer en Cristo, entre los cuales estaba Dionisio el Areopagita y cierta importante mujer de nombre Dámaris, así como muchos otros, quienes fueron bautizados.

—De Atenas, Pablo se trasladó a Corinto, donde permaneció junto a cierto judío llamado Aquila; allí también llegaron Silas y Timoteo desde Macedonia, y todos juntos anunciaron a Cristo. Aquila y su mujer Priscila se dedicaban a hacer tiendas (carpas), oficio que también conocía bien Pablo, por lo cual éste trabajaba con ellos, ganándose así su sustento y el de sus compañeros, tal como él mismo lo señala en su epístola a los Tesalonicenses: —*Ni comimos el pan de ninguno en balde, sino que obramos con trabajo y fatiga día y noche para no ser carga de ninguno de vosotros*— (II Tesalonicenses 3:8). En otra parte señala también: Ustedes mismos saben que estas manos me han proporcionado mis necesidades y a los que están conmigo— (Hechos 20:34).

—Todos los sábados exhortaba a los judíos en las sinagogas, demostrando que Jesús era el Mesías. Pero como éstos se resistían obstinadamente y blasfemaban, él sacudió sus vestidos y les dijo: —Vuestra sangre sea sobre vuestra cabeza; yo, limpio, desde ahora me iré a los gentiles— (Hechos 18:6). Pero cuando se disponía a abandonar Corinto, el Señor se le apareció por la noche en una visión y le dijo: —*No temas; más bien, habla y no te quedas callado, porque Yo estoy contigo; y nadie te hará daño, porque Yo tengo mucha gente en esta ciudad*— (Hechos 18:1-10).

POST TENEBRAS LUX ERAT

Pablo se quedó en Corinto durante un año y medio, proclamando la palabra de Dios a los judíos y a los helenos; muchos creyeron y se bautizaron, incluso Crispo, jefe principal de la sinagoga, quien comenzó a creer en el Señor y se hizo bautizar junto a toda su familia. Sin embargo, un grupo de judíos no creyentes atacó a Pablo y lo llevó ante el tribunal de Galio, quien era procónsul de Acaya y hermano del filósofo Séneca; pero éste se rehusó a condenar al Apóstol, diciendo: —Si él hubiera cometido algún crimen o si estuviese envuelto en algún acto nefasto, tendría razones para escucharos y condenarlo; pero no tengo deseos de actuar como juez de ninguna disputa sobre vuestras doctrinas y leyes. — Y luego los echó de la corte. Pero al cabo de algunos días, San Pablo se despidió de sus hermanos y navegó a Siria con sus acompañantes.

—Aquila y Priscila lo siguieron y todos se quedaron en Éfeso. Aquí, predicando la palabra del Señor, San Apóstol obró numerosos milagros; pero no sólo sus manos realizaban milagros, curando todas las enfermedades sólo con su toque, sino que incluso sus pañuelos y vestiduras que hubiesen absorbido el sudor de su cuerpo, adquirían este mismo milagroso poder; porque cuando éstos eran colocados sobre los dolientes, inmediatamente los sanaban y expulsaban a los espíritus inmundos de la gente. Al ver esto, varios exorcistas itinerantes judíos comenzaron a invocar el nombre del Señor Jesús sobre los que estaban poseídos por los malos espíritus, diciendo: —Os conjuro por Jesús, el que Pablo predica. — Pero el espíritu maligno les respondió, diciendo: —A Jesús conozco y sé quién es Pablo, pero vosotros ¿quiénes sois?—

—Entonces el hombre que estaba poseído, se lanzó sobre los exorcistas y, luego de dominarlos, adquirió tal poder sobre éstos que los golpeó e hirió hasta que éstos apenas lograron escapar desnudos de las manos del poseído. Al enterarse de esto los judíos y los griegos de Éfeso, el temor se apoderó de ellos y glorificaron el nombre del Señor Jesús, y muchos comenzaron a creer en El. Incluso muchos hechiceros, después de aceptar la fe, echaron al fuego sus libros de conjuros; y cuando se calculó el precio de ellos, encontraron que valían cincuenta mil dracmas. Así la palabra de Dios creció poderosamente y se extendió.

—Después, Pablo se preparó para ir a Jerusalén, y señaló: —*Después que hubiera estado allá, tendré también que ir a Roma*— (Hechos 19:21). Pero en eso se produjo una pequeña revuelta en Éfeso de parte de los orfebres de plata, quienes hacían templecillos de este metal para la diosa Artemisa. Una vez que la revuelta hubo concluido, San Pablo, que se había quedado en Éfeso tres días, partió hacia Macedonia, de donde se dirigió a Troas, lugar en el cual se quedó siete días.

—El primer día de la semana, cuando los fieles se reunieron para partir el pan, Pablo les pronunció un largo discurso, porque pensaba dejarlos al día siguiente, y continuó hasta la medianoche; la reunión se realizó en un cuarto superior, el cual era iluminado con muchas lámparas. Entre los que le escuchaban estaba cierto joven llamado Eutiquio, quien estaba sentado a la ventana; pero éste se quedó profundamente dormido y cayó fuera desde el tercer piso. Cuando lo levantaron ya estaba muerto; pero San Pablo bajó y lo abrazó, diciéndole: —*No os preocupéis, porque su vida está en él*— (Hechos 20:10). Después Pablo regresó arriba y los demás subieron al mozo vivo, y fueron consolados no pocos. Luego de hablar largamente hasta el alba, el Apóstol se despidió de los fieles y se marchó.

POST TENEBRAS LUX ERAT

—Al llegar a Mileto, Pablo escribió a Éfeso luego de reunir a los ancianos de la iglesia, porque no deseaba ir allá personalmente, a menos que se retrasara; porque le urgía estar en Jerusalén para la fiesta de Pentecostés. Cuando los ancianos estuvieron presentes, el Apóstol les dirigió un instructivo discurso, diciendo, entre otras cosas: —*por tanto, mirad por vosotros, y por todo el rebaño en que el Espíritu Santo os ha puesto por obispos, para apacentar la Iglesia del Señor, la cual ganó por su sangre*— (Hechos 20:28). Después les predijo que después de su partida los atacarían feroces lobos que asolarían el rebaño; y también los habló de su propia jornada venidera: —*Y ahora, he aquí, ligado yo en espíritu, voy a Jerusalén sin saber lo que allá me ha de acontecer; más que el Espíritu Santo por todas las ciudades me da testimonio diciendo que prisiones y tribulaciones me esperan. Más de ninguna cosa hago caso, ni estimo mi preciosa vida para mí mismo; solamente que acabe mi carrera con gozo, y el ministerio que recibí del Señor Jesús, para dar testimonio del evangelio de la Gracia de Dios. Y ahora, he aquí yo sé que ninguno de todos vosotros, por quien he pasado predicando el reino de Dios, verá más mi rostro*— (Hechos 20:22-25).

—A esto hubo un gran llanto de todos; y echándose al cuello de Pablo, lo besaron, doliéndose de gran manera por las palabras que dijo respecto a que nunca más ellos volverían a ver su rostro. Lo acompañaron al navío y éste, dándoles un último beso, emprendió su viaje. Pasó por muchas ciudades y tierras, tanto de la costa como de varias islas, visitando y dando ánimo a los fieles, hasta arribar a Tolorneo, de donde partió a Cesárea Marítima, lugar en que se alojó en casa del Apóstol Felipe, uno de los siete diáconos.

—Allí, un día llegó de Judea el profeta Agabo buscando a Pablo; y cuando lo encontró, le tomó el cinto de éste y se ató los pies y las manos, diciendo: —*Esto dice el Espíritu Santo: Así atarán los judíos en Jerusalén al varón de quien es este cinto y lo entregarán en manos de los gentiles*— (Hechos 21:11). A pesar de esto, San Apóstol Pablo fue a Jerusalén junto con sus discípulos (entre los que estaba Trofimo, un Éfesio que se había convertido al cristianismo del paganismo) y allí fue recibido alegremente por San Apóstol Santiago, el hermano del Señor, y por toda la congregación de fieles.

—Por esos días, llegaron unos judíos, que eran implacables enemigos de Pablo y siempre habían tratado de provocar desórdenes en su contra, desde el Asia Menor para celebrar la fiesta de Pentecostés en Jerusalén. Al ver éstos a Pablo en esta ciudad, junto a Trofimo de Éfeso, se quejaron en contra del Apóstol ante los sacerdotes principales de los judíos, así como ante los escribas y los ancianos, acusándolo de violar la ley de Moisés al no ordenar que sus seguidores se circuncidaran y al predicar en todas partes a Jesús crucificado. Las autoridades se alteraron tanto que decidieron apresarlo. Durante la fiesta, al ver unos judíos de Asia a Pablo en el templo de Salomón, ellos lo insultaron y agitaron a la gente, y se abalanzaron sobre él, dando voces: — ¡Varones israelitas, ayudad! Este es el hombre que por todas partes enseña a todos contra el pueblo, contra la ley y contra este lugar; y además ha metido gentiles en el templo y ha contaminado este lugar Santo.— Porque antes lo habían visto acompañado por Trofimo, en Éfeso, de quien suponían que Pablo había llevado al templo (Hechos 21:28-30).

POST TENEBRAS LUX ERAT

—Al oír los gritos, toda la ciudad se alborotó y se agolpó. La multitud agarró a Pablo y lo expulsó del templo, cerrando las puertas inmediatamente. Ellos querían matarlo, pero no en el templo, para no manchar el lugar sagrado. Sin embargo, en ese momento, la noticia había llegado donde el comandante militar de la ciudad, el cual juntó rápidamente a sus soldados y centuriones y partió hacia el templo sin demora. Al ver la gente al comandante y sus guerreros, dejaron de golpear a Pablo. Entonces el tribuno lo tomó y lo hizo atar con dos cadenas de hierro; sólo entonces le preguntó quién era y qué había hecho.

—La muchedumbre le pidió a voces al comandante que lo hiciera matar; pero debido al alboroto del gentío, él no logró captar cuál había sido el crimen de Pablo, por lo que mandó llevarlo a la fortaleza. Numerosas personas siguieron al comandante y sus soldados, pidiéndole a voces la muerte del Apóstol. Cuando Pablo llegó a subir las gradas de la fortaleza, pidió permiso al comandante para dirigir unas cuantas palabras a la multitud, a lo cual asintió éste.

—El Apóstol se paró en las gradas y se dirigió a la gente en idioma hebreo, diciéndole en voz alta: — ¡Varones, hermanos y padres, escuchad mi razón que ahora os doy!— (Hechos 21:1). Entonces comenzó a narrarles sobre su antiguo celo por la ley de Moisés y sobre la forma como, en su trayecto a Damasco, había sido enceguecido por una luz celestial y cómo había visto al Señor, quien lo había enviado a los gentiles. Pero la turba, no deseando escuchar más, comenzó a gritar al comandante: —¡Quita de la tierra a un hombre así, porque no conviene que viva!— Y dando ellos voces y arrojando sus ropas, echando polvo al aire, el comandante ordenó llevarlo a la fortaleza para examinarlo con azotes, a fin de saber por qué razón clamaban así contra él. Pero cuando lo ataban con correas, Pablo le dijo al centurión que estaba presente: — ¿Os es lícito azotar a un romano sin ser condenado?— Entonces el centurión fue a comunicárselo al comandante, diciendo: —Ten cuidado de lo que haces, porque este hombre es romano.— y este vino y le dijo: Dime ¿eres romano?— él le contestó que sí. Turbado, el comandante le dijo: —Con gran suma obtuve esta ciudadanía— (Hechos 22:22-28). Entonces lo soltó inmediatamente de sus ataduras.

—Al día siguiente, el comandante mandó venir a los príncipes de los sacerdotes y al sanedrín a fin de poner al Santo Pablo ante ellos. Este, dirigiéndose fijamente al sanedrín, dijo: —Varones y hermanos, hasta hoy he vívido con toda buena conciencia ante Dios.— El príncipe de los sacerdotes, Ananías, ordenó a los que estaban delante de él que le golpearan en la boca. Entonces Pablo le dijo: —Dios a ti te herirá, pared banqueada; ¿y estás tú sentado para juzgarme conforme a la ley, y contra la ley me mandas herir?— (Hechos 21:1-3). Sabiendo que el concilio estaba compuesto por saduceos y fariseos, Pablo clamó: —Varones y hermanos, yo soy fariseo, hijo de fariseo; de la esperanza y de la resurrección de los muertos soy yo juzgado. — Cuando dijo esto, se produjo una discusión entre los fariseos y los saduceos, mientras que la multitud estaba dividida. Los saduceos dicen que no hay resurrección, ni ángeles, ni espíritus; pero los fariseos confiesan ambas cosas. Entonces se produjo un bullicioso griterío. Los escribas, que estaban de parte de los fariseos, discutieron agriamente, diciendo: —No encontramos nada malo en este hombre— (Hechos 21:6-9). Pero los saduceos sostenían lo contrario, por lo cual continuó la fuerte discusión. Temiendo que el concilio despedazará a Pablo, el capitán jefe mandó a sus soldados sacarlo de allí y llevarlo de vuelta a la fortaleza. A la noche siguiente, el Señor se le apareció al Santo y le dijo: —Confía, Pablo; que como has testificado de mí en Jerusalén, así es menester que testifiques también en Roma— (Hechos 23:1 l).

—Cuando llegó el día, algunos judíos se juntaron y juraron que no comerían ni beberían hasta ver a Pablo muerto. Eran más de cuarenta los que habían hecho esta conjuración (Hechos 23:12-13). Viendo esto, el comandante mandó a Pablo bajo una severa custodia donde el procurador Félix, en Cesárea. El principal de los sacerdotes, Ananías, y los miembros ancianos del sanedrín se trasladaron también a Cesárea para calumniar a Pablo ante el procurador y pedir su muerte; pero no tuvieron éxito, porque no se le halló ninguna falta como para merecer la pena de muerte. El procurador, sin embargo, deseando ganarse la simpatía de los judíos, hizo encadenar al Apóstol.

—Después de dos años, Félix fue reemplazado como procurador por Porcio Festo. Entonces el príncipe de los sacerdotes le solicitó a éste, con maliciosa intención, que enviara a Pablo a Jerusalén, porque tenía la esperanza de asesinar al Apóstol de Cristo en el camino. Festo, deseando ganarse servilmente el favor de los judíos, preguntó a Pablo: — ¿Quieres ir hasta Jerusalén para ser juzgado allá ante mí?— Pablo le respondió: —Estoy ante el tribunal del César donde debo ser juzgado; a los judíos no he hecho nada malo, como tú lo sabes muy bien. Si hubiera ofendido o hubiera cometido algo que merezca la muerte, no rehúso morir; pero si no hay nada de lo que me acusan, nadie puede llevarme ante ellos. ¡Apelo ante el César!— (Hechos 25:9-11). Festo, luego de conversar con sus consejeros, le respondió a Pablo: —Si al César apelas, al César irás— (Hechos 25:12).

—Algunos días después, llegó a Cesárea el rey Agripa para saludar a Festo; y cuando escuchó hablar de Pablo, deseó verlo. Cuando éste estuvo ante el rey y el procurador, él les habló detenidamente del Señor Cristo y de cómo había llegado a creer en Él; entonces el rey le dijo: —Casi me convences a ser cristiano. — Entonces Pablo le dijo: — ¡Placiese a Dios que por poco o por mucho, no solamente tú, sino también todos los que hoy me oyen, fueseis hechos como yo soy, excepto estas ataduras!— (Hechos 26:28-29). Luego de estas palabras, el rey, el procurador y quienes los acompañaban, se retiraron a un rincón para deliberar, decidiendo luego: —Este hombre no ha hecho nada que merezca la muerte o la prisión. — Entonces Agripa le dijo a Festo: —Este hombre podía ser suelto, si no hubiera apelado a César— (Hechos 26:31-32).

—Así pues, ellos decidieron mandar a Pablo donde el César en Roma, para lo cual lo encomendaron, junto con varios otros prisioneros, al centurión de un regimiento imperial de nombre julio, quien los embarcó y partió con ellos. El viaje estuvo lleno de peligros debido a los vientos en contra; y cuando atracaron en la isla de Creta, en el puerto conocido como Buenos Puertos, San predijo el futuro, recomendando a los encargados que permanecieran en puerto hasta que pasara el invierno. Pero el centurión creyó más en el piloto y en el propietario de la nave que en las palabras de Pablo. Estando ya en alta mar, sobrevino un tempestuoso viento que levantó grandes olas y había tanta niebla que durante catorce días ellos no pudieron ver ni el sol de día ni las estrellas de noche; ni siquiera sabían donde se encontraban, porque la oleada los había arrastrado; y en su desesperación no comieron todos esos días y esperaban la muerte en cualquier momento.

POST TENEBRAS LUX ERAT

A bordo de la nave había doscientas setenta y seis personas. Metido entre ellos, Pablo los consolaba, diciendo: —*Varones, si me hubieseis escuchado y no zarpado de Creta, os habríais evitado todos estos sufrimientos y pérdida. Pero ahora os exhorto a tener buen ánimo, porque ninguna vida se perderá, sino sólo la nave. Anoche se me presentó un ángel de Dios, a quien pertenezco y sirvo, diciendo: —No temas, Pablo: es menester que seas presentado ante el César; y he aquí, Dios te ha dado a todos los que navegan contigo. — Por eso, varones, tened buen ánimo; porque en Dios creo que sucederá tal como me dijo—* (Hechos 27:21-25). —Después Pablo los convenció a todos que probaran alimento, diciendo: —*Esto es para vuestra salud, porque ni un pelo se caerá de la cabeza de ninguno de vosotros—* (Hechos 27:34). Entonces él tomó un pedazo de pan y, dando gracias a Dios, lo partió y comenzó a comérselo. Entonces todos teniendo ya mejor ánimo, comieron también.

—Al amanecer el día, ellos vieron tierra, pero no reconocieron el lugar. Trataron de guiar la nave hacia la orilla, pero apenas la movieron, ésta comenzó a hundirse; su proa se quedó inmovilizada y su popa se partía con el golpe de las olas. Los soldados, entonces, decidieron matar a todos los prisioneros, arrojándolos al mar, para que nadie escapara; pero el centurión, deseando salvar a Pablo, les impidió hacerlo y ordenó echar al agua a los que supieran nadar, para acercarse a la orilla. El resto se las arregló como pudo; algunos en tablones, otros en restos del naufragio; pero todos llegaron salvos y fueron sacados del mar.

—Entonces descubrieron que la isla se llamaba Melita (la actual isla de Malta). Sus habitantes, que eran bárbaros, les mostraron no poca humanidad, porque, como llovía y hacía frío, ellos encendieron una fogata para calentar a los que se habían mojado en el mar. Entretanto, Pablo reunió una gran cantidad de leña, la cual echó en la hoguera; en eso, una serpiente, que se alejaba del calor, saltó sobre su mano. Al ver la gente la víbora que colgaba de su mano, se dijeron entre ellos: —Sin duda que este hombre es un homicida, a quien, escapado, de la mar, la justicia no deja vivir— (Hechos 28:4). Pero Pablo, sacudiendo la víbora en el fuego, no sufrió ningún mal. Ellos esperaban cuándo se había de hinchar o caer muerto, pero habiendo aguardado mucho y viendo que nada le pasaba, cambiaron de opinión y comenzaron a decir que se trataba de un dios.

—El gobernador de esa isla, el cual se llamaba Publio, condujo a los náufragos a su casa, donde éstos se quedaron por tres días. Por esos días, su padre se encontraba enfermo con fiebre y sufría de disentería. Entonces Pablo lo sanó después de rezar al Señor y colocar las manos sobre el enfermo. Después de esto, todos los enfermos de la isla fueron donde San Apóstol para ser sanados.

—Tres meses más tarde, todos los náufragos, incluyendo el Apóstol, partieron en otra nave hacia Roma, pasando primero por Siracusa y Puteoli. Cuando los hermanos que vivían en Roma se enteraron de la llegada de Pablo, fueron a darle encuentro, llegando incluso hasta la plaza de Apio y las Tres Tabernas. Al verlos, Pablo se sintió confortado de espíritu y dio gracias a Dios.

En Roma, el centurión entregó los presos de Jerusalén al capitán de la guardia, pero a Pablo se le permitió estar solo, con un guardia que lo custodiara. Así vivió el Apóstol durante dos años enteros, recibiendo a todos los que acudían a él, predicando sin temor y abiertamente el reino de Dios y proclamando a nuestro Señor Jesucristo.

—El libro de los Hechos de los Apóstoles, escrito por San Lucas, relata hasta aquí la vida y la obra de Pablo. Sus posteriores labores y sufrimientos son contados por el mismo en su segunda epístola a los Corintios de la manera siguiente: —*(En comparación con otros, yo era) en los trabajos más generoso, en azotes indeciblemente sufrido, en las prisiones más frecuente, en las muertes más a menudo. De los judíos cinco veces recibí cuarenta azotes menos uno. Tres veces fui golpeado con varas, una vez fui apedreado, tres veces he naufragado, una noche y un día he estado en mar profundo. En caminos muchas veces; peligros de ríos, peligros de ladrones, peligros de los de mi nación, peligros en el desierto, peligros en la mar, peligros entre falsos hermanos; en trabajo y fatiga, en muchas vigilias, en hambre y sed, en muchos ayunos, en frío y en desnudez—* (2 Corintios 11:23-27).

—Después de atravesar a lo largo y lo ancho de la tierra, a pie y en barco, el Apóstol Pablo llegó también a conocer las alturas del cielo, cuando ascendió al tercer cielo; porque el Señor, consolando a su Apóstol en el momento de sus labores más difíciles, las cuales eran hechas por causa de su Santo Nombre, le ensoñó la gloria del cielo que ojo alguno ha visto, escuchando palabras secretas que el hombre no puede decir.

—La forma como San Apóstol realizó las restantes luchas de su vida y actividades, la relata el historiador eclesiástico Eusebio Pánfilo, en su segundo libro —Historia Eclesiástica.— Este señala que luego de dos años de encarcelamiento en Roma, San Pablo fue puesto en libertad por su inocencia, y predicó la palabra de Dios en esa ciudad y en otras tierras de Occidente.

—San Simeón Metafrastes escribe que, después de su reclusión en Roma, el Apóstol se dedicó a difundir las buenas nuevas de Cristo. — De Roma salió para visitar España, Galia y toda Italia, iluminando a los paganos con la luz de la fe y convirtiéndolos de la idolatría al cristianismo. Cuando estuvo en España, cierta mujer noble y rica, llamada Xantipa, al escuchar predicar al Apóstol sobre Cristo, quiso ver a Pablo en persona y convenció a su marido, Probo, para que invitara a éste a la casa de ellos a fin de demostrarle su hospitalidad. —Cuando el Apóstol entró a la casa de ellos, en el rostro dSan vio ella sobre sus cejas escritas con letras de oro las palabras: Pablo el predicador de Cristo.— Al leer esto, a pesar que nadie más podía verlo, ella se postró ante el Apóstol con gozo y temor, confesando a Cristo como el verdadero Dios y rogando ser bautizada. Xantipa fue la primera en recibir este sacramento; luego fue seguida por su marido, Probo, y todos los miembros de su familia, así como por Filoteo, el magistrado de la ciudad, y muchos otros.

—Después de visitar todas estas tierras de Occidente e iluminarlas con la luz de la santa fe, san Pablo se dio cuenta que se acercaba su propio martirio. De vuelta en Roma, escribió a su discípulo Timoteo, diciéndole: —Ahora ya estoy listo para ser ofrecido y está cercano el momento de mí partida. He peleado la buena batalla, he recorrido mi trayecto, he guardado la fe; por lo demás, me está guardada la corona de justicia, la cual me dará en aquel día el Señor, juez justo— (2 Timoteo 4:6-8).

POST TENEBRAS LUX ERAT

—La etapa de los sufrimientos de Pablo es citada diversamente por los historiadores eclesiásticos. —Gayo, cronista eclesiástico; Seferino, obispo de Roma, y Dionisio, obispo de Corinto, afirman que los Apóstoles Pedro y Pablo fueron rnartirizados juntos, el 29 de junio del año 67 d.C., en el décimo tercer año del reinado de Nerón. Ellos estaban retenidos en la prisión de Mamertino en Roma, de donde fueron sacados para ser ejecutados al mismo tiempo. A la entrada de las puertas de la ciudad, los guías de los Apóstoles se despidieron de estos. Nicéforo Calisto (+1350) — en el segundo libro de su historia, capítulo 36 escribe también que San Pablo padeció junto a San Pedro el mismo día. San Sofronio, patriarca de Jerusalén, y los cronistas Justino e Ireneo señalan que Pablo fue martirizado un año después que Pedro, pero en una misma fecha, el 29 de junio.

—Ellos afirman que la razón de su condena a muerte se debió a que, cuando anunciaba a Cristo, exhortaba a las doncellas y las mujeres a que abrazaban la vida de castidad. Sin embargo, no existe gran discrepancia; porque en la vida de San Pedro (según Simeón Metafrastes), se afirma que San Pedro no padeció inmediatamente (después de la muerte de Simón Mago), sino varios años después; debido a que las doce concubinas favoritas de Nerón se convirtieron al cristianismo y eligieron vivir en castidad gracias al Apóstol Pedro. Como Pablo vivía también en Roma y en las tierras cercanas en el mismo tiempo que Pedro, es probable que aquel ayudara a éste en su lucha contra Simón Mago, durante la primera estadía de Pablo en Roma; y cuando llegó a Roma por segunda vez, él y San Pedro ayudaron a la salvación de los hombres, enseñando a hombres y mujeres por igual para vivir una vida pura de castidad.

—Fue así como los Apóstoles despertaron la ira del incrédulo emperador Nerón, el cual llevaba una vida depravada y los condenó a muerte, haciendo ejecutar a Pedro como no ciudadano, mediante la crucifixión en la colina de Janículo, y a Pablo, como a ciudadano romano (ya que era prohibido ejecutar a ciudadanos de una manera deshonrosa) mediante decapitación; si no en el mismo año, por lo menos en la misma fecha. Cuando cortaron la honorable cabeza de San Pablo, de la herida fluyó leche junto a la sangre. La ejecución fue realizada a corta distancia de la ciudad, en el camino de Ostia. Sus preciosas reliquias fueron enterradas por los fieles en el lugar donde ratificó su testimonio con el martirio.

—Cuando el Apóstol era conducido por los soldados para su decapitación, se produjo un milagro fuera de la ciudad. El se encontró con una mujer, llamada Perpetua, quien era ciega del ojo derecho. El Apóstol le dijo: —Mujer, dame tu pañuelo; te lo devolveré cuando regrese. — Los soldados le afirmaron en broma: —Oh mujer, lo recibirás rápidamente. — Cuando llegaron al lugar de ejecución, le cubrieron al Apóstol los ojos con este mismo pañuelo. ¿Qué fue lo que Dios hizo para glorificar a su siervo Pablo? Invisiblemente, el pañuelo manchado de sangre apareció en las manos de Perpetua. Ella se frotó con él los ojos y se sanó. Cuando los soldados regresaron y la vieron sanada, ellos también comenzaron a creer en Cristo y exclamaron: Grande es el Dios a quien Pablo predica.— Cuando Nerón se enteró de lo sucedido, se puso terriblemente furioso y mandó a ejecutar a los soldados de una manera diferente: mediante decapitación, inmolación, apedreamiento, descuartizamiento, ahorcamiento, ahogamiento y desollamiento. Perpetua también fue aprehendida; le ataron al cuello una carga pesada y la arrojaron al río Tiber de Roma.

—Fue así como reposó el recipiente elegido de Cristo, el maestro de todas las naciones, el predicador universal, el testigo de las alturas del cielo y de las bellezas del paraíso, objeto de embeleso de ángeles y hombres, el gran luchador y atleta, que soportó en carne propia las heridas de su Señor, el preeminente Santo Apóstol Pablo. Por segunda vez, aunque sin su cuerpo, fue elevado al tercer cielo, donde tomó su lugar ante la luz de la Trinidad, junto a su amigo y colaborador, San y preeminente Apóstol Pedro, siendo transportado de la iglesia militante a la iglesia triunfante, en medio de la alegre acción de gracias, elevando las voces y el júbilo de los que se alegraban; y ahora, ellos glorifican al Padre, al Hijo y al Espíritu Santo, al Dios Trino, a Quien todos honran, glorifican, adoran y agradecen, ahora y siempre, por los siglos de los siglos. Amén.

POST TENEBRAS LUX ERAT

San Pedro

—Hermano de Andrés, primer Apóstol llamado por Jesús, el Apóstol Pedro, a quien antes el Señor nombraba como Simón, era hijo de Jonás, un judío de la tribu de Simeón, y nació en Betsaida, un pequeño y poco conocido pueblo de Galilea en Palestina. Tomó como mujer a la hija de Aristóbulo, quien era hermano del Apóstol Barnabás, con la cual tuvo un hijo y una hija. Simón era una persona sencilla y sin educación; pero impregnado con el temor a Dios, observaba todos sus mandamientos, actuando ante el en forma intachable en todas sus obras. Simón era pescador de oficio; y como pobre, sostenía a su familia con su trabajo manual, alimentando a su mujer, sus hijos, su suegra y a su anciano padre Jonás.

—El hermano de Simón, Andrés, desdeñando la vanidad de este tumultuoso mundo, eligió quedarse soltero; se fue donde San Juan Bautista en el Jordán, quien predicaba el arrepentimiento (Mateo 3) y se convirtió en su discípulo. Al escuchar el testimonio de su maestro respecto a Cristo el Mesías y, en especial, a las palabras que pronunció cuando indicó al Señor diciendo: —He aquí el Cordero de Dios,— Andrés dejó a Juan y, junto a otro de los discípulos del Bautista, siguió al Señor preguntándole: —Rabí, ¿dónde moras? el Señor les respondió: —Venid y ved—; y ellos fueron y vieron donde moraba y se quedaron con Él aquel día (Juan 1:38-39).

—A la mañana siguiente, Andrés fue donde su hermano Pedro y le dijo: —*Hemos encontrado al Mesías, el Cristo*—; y lo llevó donde El. Cuando Jesús lo miró, le dijo: —*Tú eres Simón, hijo de Jonás: tú serás llamado Cephas, que quiere decir piedra*— (Juan 1:41-42). Inmediatamente, Pedro se llenó de amor por el Señor, considerándolo como el verdadero Cristo enviado por Dios para la salvación del mundo. A pesar de esto, Simón no dejó su hogar, no olvidó sus ocupaciones, sino que mantenía a su familia dándole todo lo necesario para su sostenimiento; su hermano Andrés lo ayudaba también algunas veces por causa de su anciano padre. Así vivieron hasta que el Señor los llamó para el ministerio apostólico.

—Cierto día, luego del encarcelamiento de Juan el Bautista en el calabozo de Herodes, el Señor caminaba por el mar de Galilea (conocido también como el mar de Tiberias o el lago Genesaret) y viendo a Pedro y Andrés arrojar sus redes al agua, les dijo: —*¡Seguidme, y yo os convertiré en pescadores de hombres!*— Enseño la clase de pescadores que deseaba hacer de ellos mediante una milagrosa representación de peces. Al pisar el bote de Simón, Cristo le ordenó arrojar sus redes, pero Pedro le replicó: —*Maestro, habiendo trabajado toda la noche, nada hemos tomado; mas en tu palabra echaré la red.* — Y habiéndolo hecho, encerraron gran multitud de peces, tanto que la red comenzó a romperse, lo cual era un presagio de la condición espiritual de los Apóstoles; porque ellos llevarían a la salvación a muchas naciones con la red de la Palabra de Dios. Viendo este milagro, Simón Pedro cayó de rodillas ante Jesús, diciendo: — *¡Apártate de mí, Señor, porque soy un pecador!*— El temor se apoderó de él y de todos los que estaban a su lado, debido a la pesca que habían conseguido. En respuesta a Pedro que le había pedido alejarse, el Salvador, por el contrario, le pidió que lo siguiera, diciendo: —*Venid en poz de mí, y os haré pescadores de hombres.* —

POST TENEBRAS LUX ERAT

Desde ese día, San Apóstol Pedro siguió a Cristo, al igual que su hermano Andrés y los demás discípulos que fueron llamados.

—El Señor quería a Pedro por su sencillez de corazón. Una vez fue a la humilde casa de éste donde su suegra estaba postrada con fiebre y a quien sanó tocándola. En la mañana, cuando el Señor se levantó y se alejó a un lugar solitario para orar, Pedro y los que le acompañaban, incapaces de separarse del Señor ni siquiera por una hora, fueron tras El, buscando afanosamente a su querido Maestro y al encontrarlo, le dijeron: —Todos te buscan— (Marcos 1:30-37).

—San Apóstol Pedro no volvió a apartarse del Señor, sino que permaneció a su lado, deleitándose con la contemplación de su rostro y con sus palabras, las cuales eran más dulces que la miel. Era testigo de los muchos y grandes milagros del Señor, lo cual demostraba claramente que Cristo era el Hijo de Dios, en quien creía él sin la menor duda. Y así como creía en la verdad con el corazón, confesaba también la salvación con sus labios. Cuando el Señor fue a la región de Cesárea de Filipo, preguntó a sus discípulos: —¿Quién dicen los hombres que es el Hijo del hombre?— y ellos dijeron: —Unos dicen que eres Juan el Bautista; otros, Elías; y otros, Jeremías, o alguno de los profetas.— Y Él les dijo: —Y vosotros, ¿quién decís que soy Yo?— y respondiendo Simón Pedro, dijo: —Tú eres Cristo, el Hijo del Dios viviente.— Considerando que esta verdadera confesión merecía una bendición y una promesa, el Señor le dijo a Pedro: —Bienaventurado eres, Simón, hijo de Jonás; porque no te lo reveló carne ni sangre; mas mi padre que está en los cielos. Mas yo también te digo, que tú eres Pedro; y sobre esta roca edificaré mi iglesia; y las puertas del hades no prevalecerán contra ella. Y a ti te daré las llaves del reino de los cielos; y todo lo que ligares en la tierra será ligado en los cielos; y todo lo que desatares en la tierra, será desatado en los cielos— (Mateo 16:13-19).

—Inflamado con un ardoroso amor por el Señor, San Apóstol no quería que le aconteciera ningún mal a Él; por eso, al profetizar el Señor su propia pasión, él le contradijo, diciendo en su ignorancia: —Señor, ten compasión de ti: en ninguna manera esto te acontezca.— A pesar que las palabras del Apóstol no agradaron a Jesús, quien había venido a la tierra a redimir a la raza humana mediante el propio sufrimiento de Él, ellas eran inspiradas sin embargo por un ardoroso amor por el Señor. En ellas se da cuenta uno de la inocencia del Apóstol. Al escuchar el reproche del Señor: —Quítate de delante de mí, Satanás, me eres tropiezo, — su discípulo no se encolerizó ni se irritó; ni tampoco abandonó a Cristo Salvador, sino que aceptando la repulsa con amor, siguió al Señor con un esmero aún más grande (vv. 20-23).

—Un día, muchos de los discípulos, no pudiendo captar el significado de las palabras de su Maestro, dijeron: —Dura es esta palabra: ¿quién la puede oír?— y después lo abandonaron y no volvieron a caminar junto a Él. Entonces el Señor Jesús les dijo a los doce: — ¿Queréis vosotros iros también?— y respondió le Simón Pedro: —Señor, ¿a quién iremos? Tú tienes palabra de vida eterna, y nosotros creemos y estamos seguros que Tú eres el Cristo, el Hijo de Dios viviente— (Juan 6:53-69).

—Poseído por tanta fe y ardor por el Señor, San Apóstol Pedro se atrevió a pedirle que lo dejara venir con el por sobre el agua. El Señor no se lo prohibió. Entonces saliendo

POST TENEBRAS LUX ERAT

del bote, el Apóstol Pedro comenzó a caminar en el agua, yendo donde Jesús. Pero como todavía no había recibido al Espíritu Santo, le faltaba tener una fe totalmente firme, y sintió miedo al ver el viento agitado y al comenzar a hundirse, gritó: —*Señor, sálvame.* — Jesús inmediatamente le extendió la mano y lo cogió, diciéndole: —*Hombre de poca fe, ¿por qué dudaste?*— (Mateo 14:22-33).

—El Señor, quien, además de salvarlo de haberse ahogado, lo libró de su falta de fe cuando le dijo: —*Mas yo he rogado por ti, que tu fe no falte*— (Lucas 22:32).

—Junto a otros dos Apóstoles, Santiago y Juan, el Apóstol Pedro tuvo el honor de ser escogido para presenciar la gloria de la transfiguración en el monte Tabor, la cual les fue revelada; y allí escucharon con sus propios oídos la voz del Dios Padre que descendió sobre el Señor Jesús desde lo alto. San Apóstol menciona esto en su epístola: —*Porque no os hemos dado a conocer la potencia y la venida de nuestro Señor Jesucristo siguiendo fábulas por arte compuestas; sino como habiendo con nuestros propios ojos visto su majestad. Porque él había recibido de Dios Padre honra y gloria, cuando una tal voz fue a Él enviada de la magnífica gloria: Este es el amado Hijo mío, en el cual tengo complacencia. Y nosotros oímos esta voz enviada del cielo, cuando estábamos juntamente con Él en el Monte Santo*— (II Pedro 1:16-18).

—el Señor se acercó a su pasión voluntaria y a su muerte en la cruz, el Apóstol Pedro demostró su celo no sólo con palabras, cuando dijo: —*Señor, estoy dispuesto a ir contigo a tanto a la cárcel como a la muerte*— (Lucas 22:33); sino que también con hechos, cuando sacó su espada y le cortó la oreja a Malco, siervo sumo sacerdote (Juan 18:10). A pesar que Dios, en su providencia, dejó a Pedro caer en el pecado en tres ocasiones, cuando negó conoces a nuestro Señor el Salvador, Él lo levantó y lo puso en el correcto camino del arrepentimiento, unido a una amarga lamentación (Mateo 26:69-75). San Pedro fue el primero de los discípulos que tuvo el honor de presenciar la resurrección del Señor Jesucristo, según relata San evangelista Lucas: —*Ha resucitado el Señor verdaderamente, y ha aparecido a Simón*— (Lucas 24:34); en tanto que el Apóstol Pablo escribe lo mismo: —*Resucitó al tercer día, conforme a las Escrituras; y que apareció a Cefas, y después a los doce*— (I Corintios 15:4-5).

—Viendo al Señor, san Pedro se llenó de un gozo indescriptible y recibió de este el misericordioso perdón de su pecado. Las tres veces que negó al Señor fueron borradas completamente por las tres confesiones de amor que hizo al Salvador, cuando le respondió a este sus tres preguntas: —*Hijo de Jonás, ¿me amas?*— con la respuesta: —*Señor, Tú sabes todas las cosas; Tú sabes que te amo*— (Juan 21:15-17). Entonces Cristo elevó a Pedro a la dignidad apostólica, haciéndolo pastor de rebaños dotados de razón y confiándole simbólicamente las llaves del reino de los cielos.

—Después de la ascensión de nuestro Señor Jesucristo, Pedro, como preeminente entre los Apóstoles, fue el maestro y predicador de la palabra de Dios, ganando para la Iglesia en una sola hora más de tres mil almas (Hechos 2:14-41), manifestando incluso el gran poder de hacer milagros. Cuando fue al templo a orar, acompañado por San Juan, Pedro vio a un hombre que era cojo de nacimiento que estaba sentado a la entrada del templo, conocida como la Puerta Hermosa; y al verlos éste, les pidió una limosna. Pero ambos le fijaron la mirada, diciéndoles: Míranos el los miró directamente, esperando recibir algo de ellos. Pero Pedro le dijo: —*Ni tengo plata ni oro, más lo que tengo te doy: en el nombre de Jesucristo de Nazaret, levántate y camina.*— Le tomó la mano derecha y lo levantó; inmediatamente sus pies y tobillos adquirieron fuerza y saltando, se puso en pie y caminó, y entró con ellos en el templo, andando y saltando, y alabando a Dios (Hech. 3:1-8). Gracias a este milagro y a la predicación del Apóstol, cerca de cinco mil personas comenzaron a creer en Cristo (Hech. 4:4).

—Ananías y Safira su mujer, que vivían en Jerusalén, cayeron muertos ante la sola palabra de Pedro, porque ellos habían mentido al Espíritu Santo (Hech. 5:1-10). En Lidda, un paralítico llamado Eneas, quien había yacido en su cama durante ocho años, fue sanado por Pedro, diciéndole este: —*Eneas, Jesucristo te sana*— (Hech. 9:32-34). En Joppa, resucitó a una doncella de nombre Tabita (Hech. 9:36-42). Y no sólo hacían milagros sus manos y palabras, sino que también *tanto que echaban los enfermos por las calles y los ponían en camas y en lechos, para que viniendo Pedro, a lo menos su sombra tocase a alguno de ellos*— (Hech. 5:15).

—Después de presenciar una visión de un lienzo que descendía del cielo, lleno de animales cuadrúpedos y reptiles, una voz le ordenó a Pedro a matarlos y comerlos y a no considerar como inmundo lo que Dios había purificado. Esta visión fue una señal de la conversión de los gentiles a Cristo (Hech. Cap. 10). El preeminente Apóstol Pedro fue así el primero en abrir la puerta de la fe a los gentiles, bautizando a Cornelio, el centurión romano en Cesárea.

—el Apóstol rechazó, en cierta ocasión, a un hechicero samaritano de nombre Simón, quien había recibido hipócritamente el bautismo y quería comprar con dinero el don del Espíritu Santo. —*Tu dinero perezca contigo* — le dijo al hechicero — *que piensas que el don de Dios se gane por dinero. No tienes tú ni parte ni suerte en este negocio; porque tu corazón no es recto ante Dios. Arrepiéntete, pues, de tu maldad, y ruega a Dios, si quizás te será perdonado el pensamiento de tu corazón. Porque en hiel de amargura y en prisión de maldad veo que estas*— (Hech. 8:20-23).

—Y en ese mismo tiempo el rey Herodes echó mano a maltratar a algunos de la Iglesia y mató con la espada a Santiago, hermano de Juan. Y viendo, que había agradado a los judíos, pasó adelante para prender también a Pedro. Eran entonces los días de los ázimos y habiéndole preso, le coloco en la cárcel; entregándole a cuatro cuaterniones de soldados que le guardasen; queriendo sacarle al pueblo después de la Pascua. Así que, Pedro era guardado en la cárcel; y la Iglesia hacía sin cesar oración a Dios por él. Pero en la noche, el ángel del Señor lo liberó de sus cadenas y lo sacó de la prisión (Hech. 12:1-10).

—los hechos del Apóstol Pedro que aquí se mencionan, aparecen detalladamente en los Evangelio y el Libro de los Hechos de los Santos Apóstoles, los cuales se leen en las iglesias a fin que los escuchen los fieles. En vista de la falta de espacio, no es necesario tomar de los libros de las Sagradas Escrituras todo lo que se ha escrito sobre San Apóstol; todo cristiano ortodoxo debe conocer bien estos libros. Sobre la labor evangélica y las luchas del Apóstol, las cuales generalmente no son muy conocidas, San Símeón Metafrastes dice lo siguiente:

—Jerusalén, San Pedro viajó a Cesárea de Palestina, en donde consagró a un obispo de entre los sacerdotes que lo seguían. Después de sanar a muchos en Sidón y de consagrar allí a un obispo, fue a Beirut en donde consagró también a otro obispo. Seguidamente, fue a Biblos y de allí a Trípoli de Fenicia, donde pasó junto a cierto erudito llamado Marcón, a quien también consagró como obispo para los fieles de esa ciudad. De Trípoli fue a Ortosia, luego a Antrada y a la isla de Aratos; y luego, a Balanea, Paltos, Gavalla y Laodicea. En este último lugar sanó a Muchos enfermos, expulsó a demonios de los poseídos y reunió a los fieles en Una iglesia, donde consagró a un obispo para estos.

—De Laodicea, San Pedro fue a Antioquía, la ciudad más importante de Siria, en donde el tres veces maldito hechicero samaritano Simón Mago se ocultaba de los soldados que el emperador Claudio había enviado para arrestarlo. Al enterarse de la llegada del Apóstol, Simón Mago se retiró a la región de Judea. En Antioquía, el Apóstol sanó a muchos enfermos y, luego de predicar sobre Dios Trino, consagró a varios obispos; entre estos, a Marciano para Siracusa, en Sicilia, y a Pancracio para Taormina. San abandonó después Antioquía y fue a Tiana de Capadocia, de donde partió a Ancira de Gálata, lugar en que resucitó a un hombre y construyó una iglesia, después de haber catequizado y bautizado a muchos, y nombró a un obispo. Después de Ancira, partió para Sinope de Ponto. Fue aquí donde su hermano, el Apóstol Andrés, se reunió con él; y juntos enseñaron al pueblo. Después, Pedro visitó Amastris, en medio de la provincia de Ponto. Luego de permanecer en Gangra de Paflagonia, Claudiopolis de Ponto y Bitinia, y Nicomedia, San Apóstol descansó por un tiempo en Nicea. Con el propósito de regresar a Jerusalén para la fiesta de Pascua, regresó pasando por Pesino, Capadocia y Siria. Después de haber visitado nuevamente Antioquía, llegó finalmente a Jerusalén. Durante su permanencia en esa ciudad, San Apóstol Pablo fue a ver a Pedro, a quien no había visto desde hacía tres años desde su conversión a Cristo, tal como lo menciona en su epístola a los Gálatas: —*Después, luego de tres años, fui a Jerusalén a ver a Pedro y allí me quedé con él por quince días*— (Gálatas 1:18).

—En esa ocasión, ambos Apóstoles se reunieron también con los demás Santos y renombrados Apóstoles; y juntos redactaron los 85 cánones de las reglas eclesiásticas. Luego de esto, San Pablo se dedicó a la tarea para la cual había sido llamado y San Pedro visitó nuevamente Antioquía, en donde consagró como obispo a Evodio, uno de los setenta. Luego se trasladó a la ciudad frigia de Sinada y de allí, nuevamente a Nicomedia, donde consagró como obispo a Procoro, quien, luego de recibir el rango episcopal, siguió a San Juan el Teólogo. Estando en Ilio, ciudad que queda cerca a Helesponto, luego de llegar de Nicomedia, San Apóstol consagró como obispo para ese lugar a Cornelio el Centurión, antes de retornar a Jerusalén. Allí el Señor Jesucristo se le apareció en una visión, diciendo: —Levántate, Pedro, y ve al occidente; ha llegado el momento en que este se ilumine con tu prédica. Yo estaré siempre a tu lado. —

POST TENEBRAS LUX ERAT

—Entre tanto, Simón Mago había sido arrestado por los soldados que fueron enviados para tomarlo, y lo llevaron a Roma para ser castigado por sus acciones. Sin embargo, éste los engañó confundiendo a muchos con su mágico arte; y no sólo pudo evitar el castigo, sino que incluso comenzó a ser objeto de veneración por muchos que lo tomaban como deidad. Este precursor del anticristo tanto impresionó con sus hechicerías que incluso el mismo emperador Claudio ordenó fundir una estatua del mago, en la que se leía la inscripción —A Simón, San dios,— obra que fue colocada entre los dos puentes del río Tíber. Justino el Filósofo e Ireneo de Lyons escriben detalladamente sobre esto. Pero retomemos nuestra historia.

—Después de contar a los hermanos sobre la visión que había tenido y de visitar la iglesia que había establecido, el gran Apóstol se despidió de ellos y retornó nuevamente a Antioquía, en donde se reunió con el Apóstol Pablo. Allí consagró a los obispos Urbano para Tarso; Epafrodita para Laucas: en el Adriático; Apelio, Hermano de Policarpo, para Esmirna; y Figelo para Éfeso (de este último se dice que entró en comunión con Simón Mago, luego de haberse desviado del correcto camino). De Antioquía, San Pedro se trasladó a Macedonia, donde también consagró como obispos a Olimpo para Filipo; Jasón para Tesalónica; y a Silas para Corinto, al último de los cuales encontró junto al Apóstol Pablo. Luego de consagrar a Herodio, como obispo de Patras, zarpó para Sicilia; y en Taormina, pasó un breve tiempo con Pancracio, que era una persona muy elocuente. Allí, luego de catequizar y bautizar a un tal Máximo y consagrarlo como obispo, partió para Roma.

—Una vez allí, el Apóstol predicaba en las plazas y en los hogares a Dios, el Padre Todopoderoso, al Señor Jesucristo, el Hijo de Dios, al verdadero Dios del verdadero Dios, y al Espíritu Santo, el Señor y Creador de la Vida. Muchos se convirtieron a la fe cristiana, librándose de la decepción de la idolatría gracias al sagrado bautismo. Al ver esto, Simón Mago no pudo quedarse tranquilo ni disimular su malicia hacia el Apóstol; y comenzó a pensar en la forma de humillar la prédica del Apóstol por la que la gloria del hechicero se reducía a la nada. Comenzó impidiendo abiertamente la verdadera enseñanza del Apóstol con sus palabras y hechos falsos.

—Desvergonzadamente, declaró su oposición a San Pedro en medio de la ciudad. Engañó al pueblo, induciendo en ellos extrañas fantasías; evocó apariciones que parecían antecederlo y seguirlo, creyendo la gente que se trataba de las almas de los muertos; de la misma forma, mostró a personas que había resucitado, las que lo adoraban como dios; sanaba a los cojos, devolviéndoles la capacidad de caminar y brincar. Pero nada de esto era real, sino más bien una ilusión, como las que hacía el mítico Proteo, de quien se decía que era capaz de adoptar diversas formas: algunas veces se presentaba con dos caras, después se transformaba en cabra, serpiente, pájaro, o se convertía en fuego; en una palabra, tomaba cualquier forma para engañar a los crédulos. Sin embargo, el gran Apóstol del Señor se vio obligado a presenciar los hechos de Simón, pero las ilusiones de éste se desvanecieron inmediatamente.

—Cuando San Pedro se enteró que Simón Mago se hacía llamar el Cristo y que obraba grandes milagros en presencia de la gente, lleno de celo por el verdadero Dios, fue a casa del hechicero; allí encontró a la entrada a una gran multitud que le impedía al Apóstol ingresar. Entonces Pedro dijo: ¿—Por qué me impiden entrar donde el

POST TENEBRAS LUX ERAT

hechicero?— —El no es ningún hechicero — algunos le contestaron — sino un poderoso dios; y él tiene a la entrada su propia guardia que conoce los pensamientos de los demás.— Entonces le señalaron al Apóstol a un perro negro que estaba echado a la puerta y le dijeron: —Este perro mata a todos los que piensan mal de Simón.— —Yo digo lo que es cierto de él —- replicó Pedro —, Simón está de parte del demonio.— y acercándose al perro, el Apóstol le dijo: —Ve y dile a Simón que Pedro, el Apóstol de Cristo, quiere pasar a verlo.— el perro entró y, usando el lenguaje humano, le transmitió a Simón lo que el Apóstol le había mandado decir. Todos los que oyeron cómo hablaba el perro, quedaron pasmados; pero Simón, por su lado, envió con el perro el mensaje indicando que pasara Pedro.

—Apenas San Apóstol hubo ingresado a la casa, Simón trató de usar su hechicería ante los mismos ojos de Pedro y delante de la gente. Pero San Apóstol, con ayuda del poder de Cristo, hizo milagros todavía más grandiosos. De los muchos milagros que hizo, el antiguo historiador eclesiástico Hegésipo, que vivió no mucho después de la era apostólica, menciona uno en especial. Había en Roma una dama noble de la dinastía imperial, cuyo joven hijo había muerto. La madre se lamentaba y lloraba inconsolablemente por su muerte; en eso, quienes la consolaban recordaron a los hombres que se habían presentado por esos días en Roma — Pedro y Simón Mago — y cómo éstos eran capaces de resucitar a los muertos.

A—sí, mandaron a llamar a Pedro de la casa de Simón Al funeral del muchacho asistieron muchas personas importantes y también una gran multitud de gente del pueblo. Entonces San Apóstol aprovechó para decir a Simón Mago, quien era venerado por el pueblo por sus poderes, que cualquiera de ellos que resucitara al joven, la doctrina de cada cual sería reconocida como la verdadera. La gente aprobó la propuesta del Apóstol. Confiando en su arte mágico, Simón se dirigió a la multitud diciendo: —Si resucito al muchacho, ¿darán muerte a Pedro —Lo quemaremos vivo ante tus mismos ojos,— gritó la gente. Luego, acercándose al féretro, el hechicero comenzó con su magia y, con ayuda de los demonios, hizo aparecer como si el joven estuviera moviendo su cabeza. Inmediatamente la gente comenzó a gritar diciendo que el joven había resucitado y que estaba vivo; y se dirigieron después donde San Apóstol para quemarlo vivo. Pero éste hizo callar a la gente moviendo la mano y, una vez quietos, dijo: —Si el joven está realmente vivo, que se pare, que hable y que camine hasta que no quede ninguna duda que Simón los está engañando con su hechicería. — El mago estuvo largo rato al lado del féretro invocando el poder de los demonios, pero sin resultado; entonces trató de huir de vergüenza, pero la multitud se lo impidió.

—San Pedro, verdadero hacedor de milagros, que había resucitado a Tabita y realizado muchos gloriosos milagros, se puso a corta distancia y, dirigiendo su mirada y sus manos hacia el cielo, comenzó a rezar, diciendo: —Oh Señor Jesucristo, que nos mandaste resucitar a los muertos en tu nombre, te suplico que devuelvas la vida a este muchacho, para que todos los aquí presentes sepan que tú eres el verdadero Dios y que aparte de tí no hay nadie más, tú que vives y reinas eternamente con el Padre y el Espíritu Santo. Amén. — Luego de esto, llamó al joven, diciendo: —¡Levántate, muchacho! Mi Señor Jesucristo te ha sanado y te ha sacado de entre los muertos. — El joven abrió los ojos, salió del féretro y comenzó a caminar y a hablar.

POST TENEBRAS LUX ERAT

—Esta narración de Hegésipo es ampliada por Marcelo el Romano, quien al comienzo era discípulo de Simón Mago, pero posteriormente fue iluminado por el Apóstol Pedro con la sagrada fe y San Bautismo. En su epístola a los mártires Nerión y Arquilio, Marcelo se refiere al joven que resucitó San Apóstol: —El joven, cayendo ante los pies de san Pedro, exclamó: —Considero al Señor Jesucristo, que envió a sus ángeles para devolverme a la vida, gracias a tu súplica, para mi viuda madre.— Entonces toda la multitud comenzó a gritar diciendo: —Hay un solo Dios y no hay otro más que el que reveló Pedro.— Al ver esto, Simón Mago trató de huir, transformando su cabeza en la de un perro mediante el poder de los demonios; sin embargo, la gente lo aprehendió; unos querían matarlo apedreándolo, mientras que otros pensaban quemarlo vivo. Pero San Apóstol se opuso a esto, diciendo: —Nuestro Señor y Maestro nos ordena no pagar el mal con el mal; que él se vaya a donde quiera.

La impotencia de su hechicería ya es suficiente vergüenza, ofensa y castigo para él. — Una vez libre, — según relata Marcelo, — Simón Mago vino donde mí, suponiendo que yo no sabía nada del milagroso acontecimiento. A la puerta de mi casa amarró a un enorme perro y me dijo: Vigila si Pedro viene donde ti, como es su costumbre Una hora después, San Apóstol llegó a la casa y soltó al perro, diciéndole: —Ve y dile a Simón Mago que deje de seguir engañando con su poder demoníaco a la gente por quien Cristo derramó su sangre. — El perro fue y, como si fuese una persona, le transmitió a Simón las palabras del Apóstol. —Al escuchar esto, — señala Marcelo, — me apresuré a dar encuentro al santo Pedro y con honor lo recibí en mi casa; pero eché a Simón y al animal.

—El perro, sin dañar a nadie más, lo expulsó el mismo, y, cogiéndolo con los dientes, lo revolcó en él sucio. Al ver esto desde la ventana, —San Pedro le impidió al perro, en nombre de Cristo, tocar el cuerpo del mago. Pero el perro, a pesar que no tocaba el cuerpo del mago, — rasgó toda su vestimenta, dejándolo completamente desnudo. Viéndolo así la gente, comenzó a gritarle burlándose y golpeándolo, después de lo cual lo expulsaron de la ciudad junto a su perro. —De vergüenza y humillación, Simón desapareció en Roma durante todo un año, hasta que Nerón, quien sucedió a Claudio y era un gobernante ateo, oyó a cierta gente malvada adorar al perverso hechicero. Después Nerón mandó a buscarlo, con quien creció su afecto y ambos se hicieron grandes amigos.

—Se cuenta que una vez Simón mandó el mismo a hacerse decapitar, con la promesa que al tercer día resucitaría de entre los muertos; pero en lugar de poner su cabeza en el patíbulo, puso la de una oveja, la cual había convertido en forma humana; así, el cordero fue decapitado en lugar del hechicero. Pero San Pedro se encargó de disipar esa ilusión demoníaca y de poner al descubierto el engaño de Simón; así todos vieron que no se trataba de la cabeza del hechicero, sino la de una oveja la que había sido cortada.

—Todos los antiguos escritos hablan sobre la última victoria de Pedro sobre el hechicero, en la que murió éste. Incapaz de vencer al Apóstol por ningún medio y no pudiendo soportar más las vergüenzas y humillaciones, el hechicero anunció que ascendería al cielo. Para ello, reunió a todos los demonios que lo servían, y poniéndose una corona de laureles en la cabeza, se dirigió al centro de la ciudad de

Roma, hasta un elevado edificio alto. Una vez allí, encolerizado se dirigió a la multitud desde lo alto, diciendo: —Romanos, en vista que vosotros habéis permanecido hasta ahora en vuestra ignorancia y me habéis abandonado para seguir a Pedro, yo os dejaré; no protegeré más a esta ciudad; ordenaré a mis ángeles para que me suban en sus brazos, como lo veréis, y enviaré sobre vosotros terribles castigos por no haber escuchado mis palabras, y no haber creído en mis obras. —

—Después de decir esto, cerró sus manos y se lanzó al aire; como estaba sostenido por los demonios, al comienzo pudo volar remontándose por el aire. La gente, que se quedó totalmente pasmada, decía: —Volar con su propio cuerpo por los aires es algo divino.— Pero el Apóstol comenzó a orar a Dios en voz alta, para que todos le escucharan: —¡Oh Señor Jesucristo, mi Dios! Reduce a la nada el engaño de este hechicero, para que los que en ti creen no caigan en la tentación.— Y después exclamó: —En el nombre de mi Dios, oh demonios, os ordeno que no lo sostengáis más, sino que lo dejéis donde está ahora, en medio del aire.— Los demonios obedecieron inmediatamente la orden del Apóstol y soltaron a Simón en el aire. El miserable hechicero cayó pesadamente a tierra, al igual que el demonio cuando fue expulsado una vez de lo alto del cielo, y sus huesos quedaron destrozados. La gente que presenció esto entonces exclamó: — ¡Grande es el Dios predicado por Pedro! — ¡En realidad, no hay otro dios más que El!—

—A pesar de tener el cuerpo destrozado, el hechicero, de acuerdo a la providencia divina, siguió con vida el tiempo suficiente como para darse cuenta de la impotencia de los desdichados demonios y de su propia falta de poder, así como para llenarse de vergüenza y comprender la supremacía de Dios Todopoderoso. Simón yacía en el suelo con sus extremidades quebradas, soportando un permanente sufrimiento, pero a la mañana siguiente, vomitó su impura alma con dolor y se entregó a las manos de los demonios para que lo arrastraran donde su padre, Satanás, en el hades. Después de este acontecimiento, el Apóstol se subió a una parte elevada y, luego de pedir silencio, comenzó a enseñar a la gente para que ésta reconociera al verdadero Dios; gracias a su extensa prédica, convirtió a muchos a la fe cristiana.

—Al enterarse del humillante fin de su amigo, el emperador Nerón se enfureció demasiado con San Apóstol y quiso mandar a matarlo. Sin embargo, tal como relata Simeón Metafrastes, el colérico emperador no realizó inmediatamente sus viles intenciones para con San, sino que esperó varios años. Después de la muerte de Simón Mago, San Pedro no se quedó por mucho tiempo en Roma. En esta ciudad, convirtió y bautizó a muchos, estableció a la Iglesia sobre un firme fundamento y consagró a Lino como obispo, luego de lo cual partió para Tarraco, en España, donde consagró como obispo a Epafrodites (no el mencionado anteriormente). Dentro de España, viajó luego a Sermio, donde consagró como obispo para esa ciudad a Epeneto, después de lo cual se trasladó a Cartago, en África, donde ordenó como obispo a Crescensio. En Egipto, consagró también a Rufo para Tebas. Después de presenciar la revelación, fue a Jerusalén para estar presente en la dormición de la Purísima Madre de Dios María, hecho que ocurrió once años después de la Ascensión del Señor.

POST TENEBRAS LUX ERAT

—Luego de regresar a Egipto y viajar por Africa, se trasladó a Roma y a Milán y, finalmente, a Foticia, donde ordenó a sacerdotes y obispos. Cuando viajó a Bretaña, donde permaneció por algún tiempo, llevó a muchos a la fe cristiana. Allí, el Apóstol tuvo una visión de un ángel, que le decía: — ¡Oh Pedro, Apóstol de Cristo! Ha llegado el momento de tu partida de esta vida. Debes ir a Roma donde recibirás la gracia de Cristo el Señor después de que tu crucifixión. — Dando gracias a Dios, San Pedro permaneció en Bretaña unos días más luego de esta revelación; y allí fortaleció la fe de las iglesias y ordenó a obispos, sacerdotes y diáconos. —

—El también llegó a Roma por tercera vez, en el décimo segundo año del reinado de Nerón. Allí consagró a Clemente como obispo (cuya memoria se recuerda el 24 de noviembre). Este era romano de nacimiento y tenía sangre real. En su juventud, su madre y sus dos hermanos fueron cogidos por una tormenta en el mar y perdieron el curso. Su padre fue en su búsqueda, pero también desapareció.

—Entonces Clemente, que tenía veinticuatro años, partió para buscar a su familia. Cuando llegó a Alejandría, conoció al Apóstol Barnabás y se hizo también amigo del apóstol Pedro. Este hecho lo llevó a descubrir a sus dos hermanos perdidos, Faustino y Faustiniano, quienes eran seguidores de Pedro. Gracias a la divina providencia, el Apóstol logró encontrar tanto al padre como a la anciana madre de Clemente, la cual vivía como pordiosera. Luego de juntarse, la familia regresó a Roma. Tal como señalamos, Clemente fue consagrado como obispo para ayudar en la administración, a pesar que él habría podido rehusarse, no queriendo llevar esa carga sobre sí. Sin embargo, cuando escuchó las admoniciones dSan Apóstol, como hijo obediente que era, inclinó su cabeza para recibir el yugo de Cristo y, junto a su maestro y a otros santos, tiró el carro de la palabra de Dios. Muchos nobles y personas importantes de Roma también se iluminaron con la fe y el sagrado bautismo.

—En la casa de Nerón había dos mujeres que se destacaban por su belleza y a quienes aquél amaba más que a todas sus demás concubinas. Pero ellas aceptaron la santa fe y resolvieron llevar una vida casta, por lo cual ya no querían someterse a los lujuriosos deseos del emperador. Sin embargo, este desvergonzado e insaciable fornicador se enfureció contra la Iglesia por esto y, especialmente, con el Apóstol Pedro, quien era responsable por la conversión a la cristiandad de las mujeres. Recordando también el emperador la muerte de su estimado amigo Simón Mago, inició una persecución tras san Pedro, tratando de darle muerte.

—El mencionado historiador eclesiástico Hegésipo señala que cuando buscaban a Pedro para ejecutarlo, los fieles le rogaban a éste, por causa de su bien común, para que se ocultase y saliera de Roma. El Apóstol no consintió de ninguna manera con esto, deseando más bien sufrir y morir por Cristo; pero los fieles, con lágrimas en los ojos, le suplicaban para que salvara su vida, que era tan necesaria para la santa Iglesia, siendo esta abatida por las olas de la tempestad de las tribulaciones causadas por los incrédulos. Viendo el implorante ruego de su rebaño dotado de razón, san Pedro prometió esconderse fuera de la ciudad. —En la noche siguiente, luego de orar junto a sus hijos espirituales, el Apóstol, se despidió y partió solo. —Pero cuando había cruzado las puertas de la ciudad, vio al Señor Jesucristo que venía hacia él. —

Arrodillándose ante el Señor, Pedro le dijo: — ¿A dónde vas, Señor?— —Voy a Roma para ser crucificado otra vez, — le respondió el Señor y después se desapareció.

—Asombrado, el Apóstol comprendió que Cristo, quien sufre en sus siervos como en sus propios miembros, deseaba también sufrir en su cuerpo. —El Salvador profetizó la crucifixión que acaecería a Pedro, cuando le dijo: —*Cuando eras más mozo, te ceñías, e ibas donde querías; mas cuando ya fueras viejo; extenderás las manos, y te ceñirá otro, y te llevará donde no quieras.* — Esto lo dijo dando a entender con qué muerte había de glorificar a Dios (Juan 21:18-19). El mismo dice en su segunda epístola a todos los cristianos: —*Porque tengo por justo, en tanto que estoy en este tabernáculo, de incitaros con amonestación: sabiendo que brevemente tengo que dejar mi tabernáculo, como nuestro Señor Jesucristo me ha declarado*— (II Pedro 1:13-14).

—Por lo tanto, regresó donde los fieles y fue arrestado por los soldados y luego fue muerto. San Simeón Metafrastes dice que San Pedro no fue tomado solo, sino con una gran cantidad de fieles, entre los que estaban Clemente, Herodión y Olimpo. El tirano los condenó a la decapitación, pero ordenó crucificar a san Pedro. Haciéndose cargo de los condenados, los soldados los llevaron al lugar de ejecución. Como Clemente era pariente del emperador, se apiadaron de él y lo dejaron libre; pero Herodión y Olimpo, que habían llegado a Roma junto con el Apóstol Pedro, fueron decapitados, junto a la multitud de fieles.

—El Apóstol pidió que lo crucificaran con la cabeza hacia abajo, diciendo: —No merezco ser crucificado como mi Cristo, hacía arriba; así fue crucificado para poder ver la tierra, a donde descendería al hades para salvar a las almas de allí. Crucificadme con la cabeza abajo para así ver el cielo, a donde iré. — Fue así como reposó el gran Santo del Señor, el Apóstol Pedro, glorificando a Dios con su muerte en la cruz; soportando el terrible tormento de los clavos en sus manos y pies, —entregó su inmaculada alma en las manos de Dios, el 29 de junio del año 67 de nuestro Señor. —En tanto que su discípulo, el Apóstol Clemente, después de pedir el cuerpo de San Pedro, lo bajó de la cruz, lo lavó y, después de llamar a los restantes fieles y clérigos, lo enterró con honor; asimismo, —dieron también un entierro decente a los cuerpos de Herodión, Olimpo y los demás que sufrieron con él glorificando a Cristo Dios, —quien es glorificado para siempre junto al Padre y al Espíritu Santo. Amén.

Oh líderes de los Apóstoles y maestros del mundo interceded ante el Maestro de todos, para que conceda la paz al mundo y a nuestras almas la gran misericordia.

POST TENEBRAS LUX ERAT

San Simón el Cananeo

—**San** Simón era originario de Caná de Galilea y era conocido personalmente por el Señor y su purísima Madre, porque el pueblo de Caná no estaba muy distante de Nazaret. Cuando Simón celebró su matrimonio, invitó a esa festividad al Señor, a su inmaculada Madre y a sus discípulos. Como se había acabado el vino para los invitados, el Señor transformó el agua en vino (Jn. 2:1-11). —Impresionado por este milagro, el desposado comenzó a creer en el Señor Jesucristo como el verdadero Dios, y abandonando la celebración de su boda y su misma casa, siguió al Señor con fervor. Desde entonces recibió el nombre de —Zelote— o —el Celoso, — porque estaba inflamado con un fervor tan grande que olvidó a su propia novia por amor a Cristo, desposando su alma al Novio Celestial. Por esta razón, Simón fue considerado entre el grupo de discípulos de Cristo y entre los doce Apóstoles.

—En el día de Pentecostés, cuando San Espíritu descendió sobre los Apóstoles en forma de lenguas de fuego, ellos recibieron el don de la palabra que les permitió predicar el Evangelio a todas las naciones. Al recibir el Espíritu Santo junto a los demás, Simón salió a predicar a Cristo por diversas tierras, pasando por Egipto, Mauritania, Libia, Numidia, Cirenia y Abjacia. —En este último lugar, en una región que está en la orilla nororiental del Mar Negro, él iluminó con la fe de Cristo a numerosos paganos. También fue a Bretaña, donde iluminó a muchos incrédulos con la luz del Evangelio. Allí fue crucificado y enterrado por idólatras. Esta es una de las más antiguas tradiciones, de la cual su principal autoridad es San Doroteo, obispo de Caza (300 d.C.). San Nicéforo, Patriarca de Constantinopla, un respetado historiador por derecho propio (758-829), también confirma su visita a Gran Bretaña.

—Otras tradiciones señalan que el Apóstol estuvo en Persia, con San Judas, con quien fue martirizado. Sin embargo, otros afirman que San Simón el Zelote fue enterrado en la ciudad de Nicosia, cerca de Zhiguencia. Los lugareños señalan que este lugar está a unas trece millas de Sujumi, no lejos de la costa del Mar Negro. Posteriormente se construyó una iglesia en el sitio de la muerte dSan y su estructura fue renovada en 1875, gracias al fervor de uno de los grandes duques de Rusia.

—Al santo Apóstol Simón el Zelote se lo conmemora el 10 de mayo; pero no hay que confundirlo con Simón Pedro, que fue también uno de los doce Apóstoles, ni con Simeón, el pariente carnal del Señor (Mt. 13:55), que perteneció a la clase de los setenta Apóstoles y fue el segundo obispo de Jerusalén, el sucesor del Apóstol Santiago. San Simón el Zelote es conmemorado de nuevo por la Santa Iglesia el 30 de junio, junto a los demás Apóstoles.

POST TENEBRAS LUX ERAT